BLACK SWAN 黑天鹅图书

为 人 生 提 供 领 跑 世 界 的 力 量

BLACK SWAN

AGE OF CONTEXT

即将到来的场景时代

大数据、移动设备、社交媒体、传感器、定位系统如何改变商业和生活

〔美〕罗伯特·斯考伯 谢尔·伊斯雷尔 著
赵乾坤 周宝曜 译

北京联合出版公司
Beijing United Publishing Co.,Ltd.

图书在版编目（CIP）数据

即将到来的场景时代 /（美）斯考伯，（美）伊斯雷尔著；赵乾坤，周宝曜译. —北京：北京联合出版公司，2014.6（2014.10重印）（2014.12重印）
ISBN 978-7-5502-2841-2

Ⅰ. ①即… Ⅱ. ①斯… ②伊… ③赵… ④周… Ⅲ. ①网络经济—研究 Ⅳ. ①F062.5

中国版本图书馆CIP数据核字（2014）第073358号

版权登记号 图字：01-2014-1757

即将到来的场景时代
作　　者：〔美〕罗伯特·斯考伯　谢尔·伊斯雷尔
译　　者：赵乾坤　周宝曜
选题策划：王泽阳
责任编辑：徐秀琴
封面设计：红杉林文化
版式设计：红杉林文化
特约编辑：孙　洛

北京联合出版公司出版
（北京市西城区德外大街83号楼9层　100088）
北京鹏润伟业印刷有限公司印刷　新华书店经销
字数：200千字　710毫米×1000毫米　1/16　印张：15.5
2014年6月第1版　2014年12月第3次印刷
ISBN 978-7-5502-2841-2
定价：42.00元

AGE OF CONTEXT 目录

这个时代已经到来

马克·贝尼奥夫
salesforce.com创始人、总裁兼首席执行官

几个月前，我乘飞机前往东海岸出席一个会议并发Twitter（注意，是在飞机上发Twitter）："真希望马上就抵达波士顿。入住某某酒店。希望在Rialto餐厅用晚餐，然后第二天看波士顿红袜棒球队的比赛。"

几小时后，我走进了那家酒店并受到了热烈的欢迎。"欢迎您，贝尼奥夫先生，我们很高兴您能光临本酒店。我们看到了您的Twitter。已经为您预订了您所喜欢的餐厅的晚餐。明天比赛的球票已经放在了您房间的床头柜上。"

哇，太棒了。像是梦境中的旅游体验，不是吗?

唉，可惜这只是个梦。在波士顿酒店所发生的一切并非如此。实际上，

当我入住酒店时，他们只是说：“这是您的钥匙。”

但这一切本可以发生，也本应该发生。（我甚至不能提及这家酒店的名字，因为这样会很尴尬。但如果酒店真的做到了这一点，那将会非常引人注目。）

技术的发展已经为公司与客户的沟通开启了难以置信的新方式。事实上，相比以前我们对客户有了更广泛深入的了解，客户也期望公司能够利用这一点。目前，公司无法像以前那样进行商业活动。它们需要做出改变来满足现代客户不断增长的期望值。

如今，我们正处于一场客户革命之中，面对社交和移动云技术的融合，整个世界都在发生改变。这些技术的结合以一种新方式把世间万物联系起来，并彻底改变了我们的生活和工作方式。

目前，基于强大的LTE无线网络的云计算，有望把数以亿计的电脑相连，这不仅包括我们口袋中的手机，还包括各种各样的含有电脑的设备，比如手表、相机、汽车、冰箱以及牙刷。我们生活的方方面面都以某种方式与无线网络和云计算相连。这就是第三次计算机革命。

据研究公司IDC报道，到2015年全球将有35亿台网络化产品。再加上17亿台联网的电脑，很明显“物联网”时代已经到来。物联网把世界万物通过网络相连，我们步入了一个充满可能的新世界。

一大变化就是技术变得更加直观。它开始理解你所处的位置，你可能会去哪儿，并在途中帮助你。联网技术在为客户带来愉悦的同时，也为公司增加收入。

在这个联网的世界里，客户不再是一串数字或者账户。他们是拥有明确需求的特定人群。在知晓如何使用产品方面，他们具有强大的话语权。他们不仅需要平等的关系，也期待成为商业世界的中心。公司必须每天聆听客户的需求，参与其中并赢得他们的信任。

这就是创新公司会以新的形式串联雇员、合作伙伴和产品以客户为中心的原因。通过建立可以实时进行状态更新、报告以及其他信息通信的联网产品，我们的客户已经转化为客户公司了。作为一家有远见的以客户为中心的公司，飞利浦正使用技术将重大创新传递给客户。飞利浦使用我们的软件将数百万的产品（从牙刷、咖啡壶到新款的LED照明产品）与客户网络相连接（我非常期待下一代牙刷，它可以把我的牙齿信息发送给我的牙医）。

丰田使用我们的软件将经销商、客户、汽车与设备相连接。它已经把客户与每年所生产的800万辆汽车建立了联系。汽车可以为司机发送路况更新。车辆可以预判你的行为从而提供你所需的服务信息。丰田的管理人员友山茂树称之为“一种新型汽车，类似于有车轮的iPhone手机”。

通用电气（GE）是另一个范例。通用电气航空集团正在与客户建立紧密的联系，并使产品与社交网络相连。目前应用于波音787梦幻客机的新款GEnx喷气式发动机可以提供动态消息，服务团队可以通过移动设备来获取这些信息，并最终帮助减少维修费用并提高引擎寿命。

关键问题是我们如何适应并跟上这些变化。《即将到来的场景时代》帮我们指出了道路。该书介绍了场景的五大技术力量：移动设备、社交媒体、大数据、传感器以及定位系统。书中所描述的传感器随处可见，从太空探索到交通信号灯，甚至是训练鞋和烤面包机。该书展示了如何利用大数据，以及支持即刻分析的高速海量云数据库。该书展示了下一代定制化的移动应用程序，可以预测你的需求。该书探讨了成熟的社交媒体以及高度个性化的网络，能够根据你的位置和行为来推断你的需求。该书还表明先进的穿戴设备不仅可以解放双手，还可以成为我们的助理或教练。

技术总是向前发展的，场景时代就是新的进化。和任何进化一样，适应能力使我们在这个不断变化的世界中得以幸存并茁壮成长。本书富有灵感和希望，展示了这个新时代将如何改善我们的健康、孩子的教育以及我们的商业，并告诉我们它将如何使我们的生活变得更美好。

准备好在本书中展望未来吧：安装在家中或摩天大楼的“场景玻璃”可以根据用户的心情和天气情况来调节颜色，场景玻璃同样可以帮助飞机驾驶员不受大雾影响。移动程序知晓你的日程安排，知道你在干洗店的衣物并帮你取衣服。在不远的将来，假肢器官通过与人类神经相连而产生触觉，也可以被脑电波所控制。外骨骼可以帮助下身麻痹患者自由行走。这的确是个全新的世界。

我已经在技术产业工作了35年，我最欣赏的就是“唯有变化不变”。目前是技术产业最具变革的时代。技术界的资深记者罗伯特·斯考伯和谢尔·伊斯雷尔通过引人注目的故事和富有洞察力的阐述引领我们经历这些变革。本书具有重要的意义。他们展示了一个令人兴奋的未来图景，并使我们做好准备，这一点很重要，因为这个时代已经到来。

在场景时代找到你的商业价值

蔡学镛

中国平安集团首席互联网架构师

“你的老板在他的公寓被人杀害。你昨晚11点在哪里？”

“我一个在家里看电视。”

“有谁可以作证？”

“没有，我自己一个人……”

每次看到电视上出现这样的剧情，正在看电视的我就很担心哪天我会因为没有不在场证明而遭受冤狱。但随着我们渐渐进入“场景时代”，不久之后，我的最后一段话可能会变成：

“我的智能汽车可以证实我晚上10点就已经回家，我的智能家居系统可以证明我回家之后就没出门，我的智能眼镜、智能电视、智能手机都可以证明我待在客厅看电视，我愿意授权让警方调阅这些设备上传到云服务器上的数据。”我想这应该可以充分证实我的清白了吧！

收集了足够的数据，除了可以洗刷你的犯罪嫌疑，更重要的是，还可以分析出你的一切。我不禁想起三十年前的一个美国电视节目。

20世纪80年代，美国有个电视节目，致力于让民众了解名人真实的一面。节目组到名人家前的垃圾桶翻垃圾，通过这些垃圾进行分析，以了解名人的真实世界，例如他们的兴趣、收入、花费、性生活频率、健康状态、饮食习惯、生活品位，甚至可以通过垃圾是否整齐分类来判断人格特质……这是在 IT 时代之前的人肉大数据。

而如今，我们有了更智能且自动的收集器（各种联网设备与传感器）、更大的垃圾桶（云存储）与分析能力更强的节目组（云计算）。虽然我们不是名人，但在不知不觉中，我们每个人的数据都被收集与分析，我们的一切也变得更透明了。撇开隐私的顾虑，这些信息如果能被正面地使用，来为我们提供更便利的生活与商业用途，岂不美哉！

这就是“场景时代”的未来。“她”就像是一个贴身助理，对你知之甚详，对于外界的各种信息也无不知晓，可以帮你打理一切。场景时代和以往差异的地方在于“更加符合每个人当时的需求”；也就是说，服务是个性化的、是智能的，且会随着时间与地点而适当变化，使用越久，“她”就越了解你。这一切，碰巧在最近好莱坞电影《Her》（她）的情节中，已经充分展示了。

场景时代的大门已经开启，主要是因为所需要的前提要素已经渐渐齐备，这些要素主要有五个，包括移动设备、社交网络、数据处理、传感器与定位系统。移动设备、传感器、社交网络、定位系统这四者制造出许多数据，后台对于这些数据进行分析处理，再反馈回来给移动设备、传感器、社交网络、定位系统或者其他的人与系统，以提供你当下所需要的“服务”。

服务就是一种商业机会，未来每个产业都会受到场景时代的影响。我们现在就可以开始思索，我们所处的产业要如何因应场景时代，通过商业创新来驾驭这波潮流，而不是在潮流中灭顶。

以金融业来说，各种收单机具（例如POS机或移动终端）同时扮演感应器、定位系统的角色，手机或各种穿戴式设备就是移动设备，银行或者转接清算机构（例如银联）就负责后台数据的分析处理。金融机构的后台可以得知消费者的喜好、常出现的地点、生活习惯、收入支出，借以自动提供更适合的消费信息、借贷服务、理财服务。如果是互联网金融，更会融合社交网络的因素，提供更多元的服务。

以保险行业来说，汽车可以自动记录行车数据与影像。当车祸发生时，汽车会自动连线到警察单位报警，且和生命手环连线，判断驾驶人的受伤状态以决定是否要联系医院，并把所有的数据自动传送给保险公司进行理赔手续。

诸如上述的想象还有很多。不管你处于哪个行业，都应该开始发挥想象，思考下面的问题：

我们应该获取哪些数据？

我们应该如何获取这些数据？

我们应该如何分析这些数据以得到有用的信息？

我们应该如何保护这些数据与信息？

我们应该如何使用这些信息来提供更好的服务？

思考这五个问题的时候，我建议你能结合移动设备、社交网络、数据处理、传感器与定位系统这五个方向，许多创意就会接地气，不再天马行空，并渐渐发现一些实用的创意。

我也建议你先把这本《即将来到的场景时代》详细读过，让这本书开拓你的视野与想象空间。或许，未来某领域一个具有极大商业价值的场景应用，就是你所开创的。

拥抱场景感知的新时代

徐　钊

速8酒店集团（中国）高级副总裁

相信每个人都希望自己在工作中能够有一个“超级私人助理”，使用个性化的助手服务于我们的日常生活。这位“超级私人助理”能时时感知我们的日程，合理安排我们的旅行，准备我们需要的资料，告诉何时需要体检，何时应该缴费，知道何时需要网上下单购物并完成在合适的网站上下达订单；能通过物联网远程监控家里的情形，为合适的人开关房门，调节最佳的室内温度，确定家里需要清洁卫生并及时安排清扫，看电视时自动调到我们喜欢的频道，下班到家时帮您倒车入库，上班前将座驾在门前准备就绪……

相信每个公司的企业管理人员都希望自己的员工在面对每个独特的客户

时也能得到“超级私人助理”类型的协助。无论奔波在何处、面对何种客户，“超级私人助理”都能感知员工的需求，帮助员工及时掌握相关的信息；面对顾客时，能提供“场景感知”式的服务；快速了解每个特定客人的来龙去脉、背景资料、个性特点、产品使用习惯；与此同时，对公司新产品、新市场活动的信息了如指掌，能够在自己的产品库中，挑出最符合其需求的组合，向客户介绍并提供最符合客人所需要的解决方案。

毋庸置疑，对上述的两大类场景，都需要根据时间、地点、人物或其他场景因素，快速地搜索挖掘相关的数据，整理成在特定地点或环境下针对特定客户需要的形式和内容，并能让用户轻松掌握，以便他们同客户在特定场景下的互动交流，达成目标。事实上，所需的各种信息往往都是存在的，但是如何能及时地从相关的数据库中搜索发掘出来以满足特定时间地点场景的需要，则一直是商业公司运营中面对的一大挑战。

多年来，学术界讨论过的人工智能（Artificial Intelligence）、神经元网络控制（Neural Network）、智能代理（Intelligent Agent）等理论和工具，都试图在解决这类问题，但在实际商业活动能成功运用的案例寥寥无几。场景感知计算（Context Aware Computing）、场景感知服务 (Context Aware Service)这些近年多起来的讨论，大多也还仅限于在学界里讨论的课题。语境发现（Contextual Discovery）、场景搜索 （Contextual Search）等让微软、雅虎、腾讯等公司兴奋起来的概念，似乎还在开发之中。

看完美国知名博客写手、云服务提供商Rackspace的分析师罗伯特·斯考伯 （Robert Scoble）与美国著名社会媒体专栏作家谢尔·伊斯雷尔 (Shel Israel) 合著，由赵乾坤、周宝曜合译的新书《即将到来的场景时代》，你会突然感觉到，人们离达到解决这类问题的理想境界已不再遥远，我们面对的这些原本非常具有挑战性的问题实际上已有解决的方法，工具以及众多的成功案例。

依靠五种如今大行其道的关键技术（移动终端设备、社交媒体、传感器、定位系统、大数据）的快速发展，以及这五类技术的组合运用，将能够有力地帮助我们实现上述问题的解决。使我们实际上已经进入到一个能够通过场景感知来快速高效解决问题的“场景新时代”。当然，这意味着我们必须理解这五种技术的重要性及可能的组合带来的新客户体验，开发出适用于场景感知的工具，解决我们面对的问题。

“场景时代”究竟将会是一种什么样的时代？哪些行业和岗位将适合运用“场景感知”的技术和工具？本书的两位作者根据他们本身对这一领域的广泛了解，给出了丰富的案例。从目前市场上最前沿的产品开发应用到场景各种根据全新的服务模式，本书对十二个领域，近百个案例的描述将为你大开眼界。相信各行各业有心的读者都可以在产品设计、服务方式等领域获得新创意的启迪。

本书对具备“场景感知”的产品的搜集可谓包罗万象。从如同是你本人最知心助手的谷歌眼镜之类可穿戴设备，到有两百多个传感器，能够预防碰撞、控制雨刷、自动泊车、偏离报警、防盗报警的无人驾驶汽车；从可以检查身体内部机能的各类传感器药丸，充当个人健康网络平台的燃料腕带，监督病人按时按量服药的个性化奖励仪器，到实时收集医疗指标数据从而达到预测功能的医疗仪器系统；从能熨衣服和洗碗，处理各类杂务的家用机器人，到能够远程自动开门锁门、开灯关灯、开关电器、调节室温甚至变幻玻璃颜色实现节能的家用物联网应用。作者在不长的篇幅里为大家做了相当充分的案例搜集。

在客户服务领域，作者也让我们体会到场景感知技术在这里将大有用武之地。汽车修理诊断、远程医疗、用DIY的方式安装露天平台等类似工程；

酒吧、旅店、餐厅对熟客的个性化前台服务，人到车到，甚至无需经过付款程序的Uber机场接送租车服务；在健康医疗行业，监测有害物质的区域性含量为地理医学提供个性化的医疗指导，不仅降低成本，治疗也更有效。即使是看场球赛，也可以通过在Pad上提供不同角度的现场视角，提醒周围哪个洗手间排队最短，实现现场下单购买零食等功能，使得看球的体验也能得到独特的改善。

对于目前同处现代服务业领域辛勤工作的众多企业界同仁，阅读此书能为大家在改善为客户服务方面提供许多新的思路。“场景感知”对方的需求，感同身受地服务客户其实是我们每天必须面对的工作，本书所提及的技术对我们而言，有天然的契合度。我们一直提倡为客户提供满意加惊喜的服务，如何能实现这一点，在于对客户了解的深刻程度和对行业信息了解的丰富程度。本书中提到的丽嘉酒店通过多种个性化方式联系客户、精准营销推荐产品，让客户有不同凡响的体验值得大家关注。本书中提及的在迪士尼等游乐景点的腕带式可穿戴设备帮助游客在相应区域畅通无阻，简化支付流程的例子，是否也能启发酒店行业的朋友们开发出相应的可穿戴设备，供住客入住选房登记，开房门、开电梯、开房内电视及各类电器，上网，使用商务中心设备，方便餐饮娱结账……越早理解本书所述的技术发展前景，在行业服务方面创新的机会就越大！

当然，　必须指出，对服务客人的行业而言，尽心了解客人以便为他提供专属服务固然重要，但避免让客人感觉被了解过度以致隐私被侵犯，也是我们企业必须要注意的。这也恰恰又是本书不吝篇幅专门讨论的一个重要方面。在当今这个几乎被电信、网络、社交媒体等各个渠道的接入使得个人隐私难以再隐藏的时代，如何掌握适当的平衡？如何在享受社交媒体为人们带来的益处同时保留个人的一片私密天地？值得大家思考。

这是一本读起来轻松愉快，同时又能给人以众多启发的好书。本书的英文原名“Age of Context”，相当简洁；在中英文比较起来往往是中文精炼程度更胜一筹的情况下，此处反而难以给出合适的中文书名。《即将到来的场景时代》的改译未失原意，值得称道。但我们应该了解这里的“Context”不仅有着情着、场景、背景等更丰富的含义，而且还须与情境、场景、背景的实时感知，实时搜索，实时处理联系起来。通过阅读此书，你会对五种科技力量为我们带来的未来时代的生活方式有了全新的认识，无论您身处哪个行业，都会为改善自身的工作效率，个性化服务每一位客户，提供了新的思路，同时也督促我们为这个即将到来的时代做好准备。

当然， 这是一本重在介绍场景感知实际运用案例的书籍，如果您希望了解更多关于场景感知学科能力范围的发展预测，对客户消费文化习惯可能产生影响的深度学院式分析，这可能不是最适合你的书。但这就是一本对未来趋势的报告、流行方向的介绍、实际案例的汇集，它能使我们认识到场景感知计算服务的重要和紧迫，以及它能给企业及消费者带来的变化和巨大益处。而这正是大多数读者所迫切需要的。无论对于做投资、做企业，还是做技术的朋友，此书都值得一读！

本书译者赵乾坤、周宝曜两位是在客户个性行为模型搜索及分析，移动互联网大数据分析等领域中造诣颇深，有深厚的理论基础，且善于将理论研究的成果与商业实践密切结合运用的实战者。由他们二位及时翻译此书贡献给中国读者，值得我们衷心感谢！

风暴来了

电脑运算不再是关于计算机本身，而是关乎生活的事情。

——麻省理工学院媒体实验室联合创始人尼古拉斯·内格罗蓬特

一场变革风暴即将来袭。

在2005年上映的电影《蝙蝠侠：侠影之谜》中，来去无踪的蝙蝠侠警告戈登警长关于哥谭市近期的动向："风暴即将来临。"说完他便消失得无影无踪。

在随后两小时的影片中，哥谭市陷入一片混乱。但最终，和平得以恢复。在经历骚乱又恢复正常生活之后，人们意识到与之前相比风暴过后的生活更加美好。

改变是无可避免的，而由此所带来的失调既会造成不便，也会带来机会。近代科技史足以证明这一点。在下文中，我们将描述场景运算这一技术在科技进步演化史上的最新发展动态，并讨论它将如何影响生活和工作的各个方面。

我们虽不是蝙蝠侠，但我们会帮你为迎接即将到来的风暴做好准备。在混乱和失调过去之后，随之而来的则是对健康、安全、便捷和效率的改善。

关于作者

我们俩是来自硅谷的资深记者，负责报道两个相互依赖的领域——科技和商业。我们职业生涯的大部分时间都出没于科技圈，采访报道科技界的大事件。

罗伯特·斯考伯已成为全世界在科技创新领域最著名、最受人敬重的记者之一。谢尔·伊斯雷尔从事对私营企业的报道和分析，作为自由撰稿人的他曾就职于《商业周刊》《快速公司》以及道琼斯出版公司，现在为福布斯网站工作。

话外音：我们偶尔会用第三人称讨论彼此。就我们所知，这是我们写作时保持清晰思路的最简单方法。

这是我们的第四次合作。此前我们最成功的一次合作是共同创作《财富博客——新媒体时代的商业对话策略》一书，该书于2006年的第一周出版。书中得出的结论是社交媒体将世界带入新的时代——我们称之为对话时代，这个术语一直沿用到了现在。

在斯考伯的技术领域里，有关场景的话题比比皆是，但在伊斯雷尔的商界范畴内，场景一词却很少被提及。多数商业人士依旧是在为商业复苏而煞费苦心。

然而，历史证明，当科技界一致关注一个话题并对其产生兴趣时，这个话题总能在商海大潮中激起浪花，比如场景。本书会介绍一些思想领袖，但总的说来，目前商界对场景的思考实在有限。但很快他们就会把这个概念产品化并变成自己的竞争优势。

谷歌眼镜里的场景

作为一款产品，谷歌眼镜引起了大众对场景运算的认识、兴趣和关注。本书的第二章将会对这一穿戴设备进行深度探讨。和其他现有产品不同的是，谷歌眼镜包含传感器、摄像头、麦克风以及一个可在你眼前放映信息的棱镜。相比1976年价值880万美元的超级计算机克雷1号，谷歌眼镜拥有更高的运算能力。它的重量只有49克，可以作为极富个性化的助手服务于你的日常生活。

举个简单的例子，当你走进机场航站楼时，谷歌眼镜将向你显示具体的航班信息。它之所以能做到这一点，是因为系统知晓你的位置和日程表，并可以检测到你的视野所及之处。它对你和你的活动模式了解得越多，就可以越好地服务于你当时的需求，甚至可以预测到你接下来可能的需求。

作为谷歌眼镜团队的技术领导和佐治亚理工学院计算机学院的副教授，萨德·斯塔纳是可穿戴场景技术的开拓者。他在Google+页面上做出了这样的解释："作为一位智能助手，可穿戴式电脑已经陪伴我二十多年了，应该是这类体验里最长的纪录了。"他还创造了一个新词——"增强现实技术"

来描述这一辅助体验。

1991年，斯塔纳就在他的博士论文中提到“穿戴式系统可以检测到用户所处的场景……”二十多年后，这一必要技术应验了他的预测。

我们在开始研究场景技术后，很快就发现对此技术的应用已经远远超出了这一广为人知的眼镜。2012年，我们见证了科研实验室里开发的各种可穿戴式技术转化成多种多样的产品和服务。我们发现很多有前途的企业家出售或设计创新产品用于零售、运输、政府、医学和家庭。这都是以通过了解用户和他们的环境为基础来更好地为他们提供服务。

场景模块

《完美风暴》一书的作者塞巴斯蒂安·荣格尔描述了一场罕见的猛烈气候现象。这一现象由三种气候力量汇聚而成：暖空气、冷空气和热带湿气。这场百年一遇的自然现象带来了高达100英尺的海浪和100英里/小时的风力。

我们的完美风暴不是由三种气候力量而是由五种技术力量构成：移动设备、社交媒体、大数据、传感器以及定位系统。在第一章中你会对它们有更多的了解，看它们是如何兴风作浪的。作为独立的实体，每种力量都是你生活的一部分。汇聚在一起，它们就为一场史诗级的不可阻挡的完美风暴提供了条件——场景时代。

一些技术的成熟促进了这些力量的增强。到目前为止，电脑既可以大到占据一个房间，也可以小到放在桌子上。如今，硅工程所带来的微型化可以将超级计算机做成可穿戴式或移动设备。以前，电脑对你和你所在的场景（你在哪儿、你和谁在一起或者你在干什么）都一无所知。如今，场景时代带来了新的移动或可穿戴电脑，这些设备可以与你周边的数十个感应器进行无线互动，还可以访问人类的知识库。

通过使用不同类型的传感器，我们的移动设备目前可以模仿人类五官感觉中的三种。相机传感器相当于眼睛，麦克风传感器相当于耳朵，电容式传感器则可以体会到人们对屏幕的触碰。尽管目前还没有嗅觉感应器，但我们想这一功能将很快实现。

随着廉价微型传感器的上市，物联网使许多常用的电器、固定设施和设备得以与系统相连接。比如微软Xbox体感游戏的立体感应器就可以通过观察你的皮肤从而测出你的心跳。

当我们谈论“知心系统”时，相关的知识都取决于人类在机器学习和数据库计算领域的突破。回望1997年12月，当研究员詹姆斯·格雷开发出微软首款TB级数据库时，这些技术突破是连想都不敢想的。同理，在语音识别方面，重大的创新和准确度的提升使得诸如苹果Siri、谷歌即时和谷歌语音搜索等系统成为可能。

作为场景时代的基石，云计算基础设施将这些技术整合起来，并以指数级的速度在性能和容量方面不断增长。云计算也必须不断增长：在本书的第五章中我们将谈到无人驾驶汽车，该产品每秒就会产生700MB的数据。我们与通用、福特、丰田和谷歌探讨过这一技术会带来怎样的变化。至少有一点可以确定，目前的云计算技术将会崩溃。

Rackspace是一家为企业提供信息技术托管服务的公司，它不仅是斯考伯的雇主，也是这本书的首席赞助商。从2009年起，Rackspace开始赞助斯考伯对全球数百位企业家和创新者的采访活动。其中一个原因就是该公司意识到了资源密集型服务和数据流方面的增长。

巧合的是，Rackspace同样为本书所谈及的许多公司提供基础设施。早在我们合作撰写此书的几年前，Rackspace就开始探索可以改变或者颠覆世界的潜在趋势。为了响应这一趋势，Rackspace建造了一个新型的混合云，以帮助其他公司扩大规模并重视其所意识到的新场景技术可能带来的隐私问题。

作为Rackspace公司的代言人，斯考伯负责独立钻研这一新模式并分析态势。因此，出版这本书用了一年半的时间。我们感谢Rackspace公司的支持和深刻见解。

权衡取舍

本书中所涉及的一些技术可能会使你感觉有些不自在。比如：无人驾驶的汽车、能够代表你发送信息的日历以及当你靠近时能够自动解锁并开启的前门。但这些问题都相当明确，面对这些新技术，人们要么接受，要么拒绝。

其中一个迫在眉睫的大问题就是个人隐私的暴露以及透明度的缺失。场景时代的奇迹基于一种权衡取舍：技术越了解你，就会为你提供越多的好处。但同时，暴露在大数据面前同样会使你感到些许恐惧。在绝大多数情况下，我们相信该技术所带来的好处值得做出这样的让步。不管你是否同意这个，我们都要认识到一点，很多问题都会对隐私的未来产生影响。

渡过难关

所有迹象都表明，与此前的任何变化相比，场景时代所造成的变化更深刻、更有意义，而且这样的变化有可能很快就会发生。我们希望你可以将本书看作一个框架，从而理解未来几年中即将到来的有关场景技术的发展。我们希望你可以把它放到场景中去，这可以帮助你适应工作和生活中的变化。

我们同样希望阅读本书可以给你带来乐趣，其中很多故事讲述了不可思议的人物和新奇的技术。我们希望可以说服你相信场景技术对生活的益处。最重要的是，我们希望你做好准备能够挺过这场即将到来的大风暴并能从容应对这种新生活。

AGE OF CONTEXT

第1章

场景的五大技术力量

原力是由所有生物产生的一种能量场。

无处不在的原力将银河系联为一体。

——《星球大战》欧比旺·克诺比

AGE OF CONTEXT

构成场景的五种技术力量（原力）无处不在，我们称之为场景五力。当你触碰屏幕时，它们就在你的指尖。当你手持智能手机时，它们知晓你的位置以及前进方向。当你驾车距离某物体过近时它们便会发出警报。它们同样存在于交通信号灯、商店甚至药丸之中。

五种原力正在改变你作为消费者、患者、观众或在线旅行者的体验。它们同样改变着大大小小的企业。

这五种原力——移动设备、社交媒体、大数据、传感器和定位系统——恰逢经济上的黄金时代，并处于良性循环之中。它们的快速普及降低了价格，降价反过来又促成了更高的普及率，从而进一步促进了价格的下降。

这意味着每天都有越来越多的人掌握这五种原力，同时几乎所有的企业都会调整发展路线将场景纳入其策略。这正如他们面对其他能够产生巨变的原力（如个人电脑或互联网）时所做的一样。

有远见的商业领袖和技术传播者们已经开始利用这些原力来促进发展，同时为顾客和粉丝带来愉悦的感受。此外，技术人员正在以惊人的速度推出新的场景工具、玩具以及相关服务。

在《引言》部分我们已经简单介绍了这五种原力，你对它们已经有所了解，下面让我们进一步探讨这五种原力以便你理解它们的重要性。

移动设备

早在2012年，全球手机数量就已超过世界人口总数。到2012年底，全球平板电脑的数量已达1.2亿台。高德纳市场分析公司预测，2016年这一数字将达到6.65亿。

对这些数字的预测准确与否并不重要，关键在于移动设备的数量肯定会不断增长。通过简单的计算即可得知，在任何给定的时间内，移动设备在发达国家的人均拥有量将会超过一台。

移动设备的外形同样日新月异。谷歌眼镜已经不是什么新鲜玩意了，除此之外还有多款可穿戴移动设备。无论这些产品看起来有多新奇或与众不同，都会以惊人的速度被人们所接受。

朱尼普研究公司预测，2013年可穿戴电脑所创造的收入将达8亿美元，2014年这一数字会增至15亿美元。可穿戴设备的年销量将由2013年的1500万台增加到2017年的7000万台。就我们而言，这些预测数字显得过于保守，且让我们拭目以待。

可穿戴设备已被应用于诸多领域，包括娱乐、个人和商务应用、社交、改善安全、健身与健康等方面。我们认为，可穿戴设备将被用于更广泛的领域，其中一些领域是目前所想象不到的。

目前，笔记本电脑作为一款移动设备通常被人们所忽视。正是笔记本电脑使人们尝到了移动设备的甜头，并激发了对移动设备的渴望，将我们从台式机中解放出来。然而笔记本电脑本身并非真正的场景设备，因为它既不具备传感器，也不具备对于场景设备来说必不可少的能够运行移动应用程序的操作系统。与现在的其他移动设备相比，笔记本电脑显得不太灵便。事实上，笔记本电脑变成了新一代的台式机，大多被闲置在家里或办公室，人们外出时会选择更加便携的场景设备。

此外，相关设备的成本也在不断下降，这主要是缘于庞大的市场竞争。由于受到来自新贵企业（如Macheen和ItsOn）以及行业巨头（如T-Mobile和Sprint）的挑战，即便是由昂贵数据计划所造成的壁垒也有所松动。

对多数人来说，智能手机目前仍是主要的移动设备，大多数时候人们都依赖于它。当然，这都要归功于能够将个人电脑数据转移至云存储的数据大迁移。此外，对场景应用程序的兼容也稳固了智能手机的地位。

我们认为，与下一代笔记本电脑的创新能力和能够解放双手的可穿戴设备的惊人性能相比，在未来的五到十年里，大多数人依旧会选择智能手机作为无线移动设备。

我们同时认为，对手机和平板电脑来说，消费者不再像以前那样在意品牌和操作系统。不同厂商的硬件外观变得相类似，所运行的功能也大同小异。这对于制造商来说可能不妙，但对于用户来说却是件好事。

当它们成为廉价商品后，人们会更多地使用这些设备。这意味着用于上传的数据流以及所消费的内容流量将会呈指数级增长。

真正关于移动设备的新闻并不在移动设备本身，而在于软件的变化。十几年前，软件主要是以光盘形式被安装到台式电脑上。每位用户的花费通常在100美元以上，偶尔会超过1000美元。

现今的软件体积小巧、售价低廉，有些软件甚至可以免费使用。只需30秒便可使用一款移动应用软件。此外，普通用户的下载量也很大。

《纽约时报》曾预测，到2011年底，全球超过10万个移动应用软件发布者将会提供超过120万个移动应用程序。来自高德纳公司的数据则显示，到2012年底，移动应用程序的下载次数将超过450亿——相当于全球人均下载6次以上。这一数字还在持续增长。

移动设备聚合了其他四种原力。移动设备是获取互联网力量的关键，也是体验场景超级风暴的载体。

社交媒体

2005年，当我们还在创作《财富博客》一书时，博客、维基百科以及播客的用户数量还不足400万。“社交媒体”“社交网络”等术语尚未出现。尽管当时已经有了Facebook，但我们误以为它只是一款供常春藤盟校兄弟会成员约会的小众服务软件。此外，Twitter那时也还没有问世。

时间快进至2013年初，每48小时到72小时间的Twitter发布量便可达到10亿条，而且这一数字还在以惊人的速度增长。如今，全球有近15亿用户使用社交网络。几乎所有成功的现代企业都会运用社交网络来进行战略部署。此外，本书中所提及的移动应用程序中也几乎都含有社交媒体组件。

当相关组织能够审慎地使用社交媒体时，便可以拉近公司与客户间的距离。员工和用户通常会相互合作从而改善产品和服务。

虽然大多数人尚未感受到现代企业的热情，但社交媒体已经赋予一些实体巨头更具人性化的面孔。我们已经可以看出在品牌标志的帷幕背后，真正的员工总是在为客户提供更好的服务而努力。

明智的公司已经逐渐意识到社交媒体可以帮助他们削减成本并在销售、产品研发、招募人才、通信和支持等诸多方面进行改善。

然而，社交媒体同样会被滥用和误用。一些公司使用社交媒体不是为了吸引客户和潜在顾客，而是要用它来大量发布销售信息。这种做法在短期内看似有效，但从长远来看这样做通常会是个错误。社交媒体是个双向通道，如果仅仅用它来发送信息，就和打电话时只说不听没什么两样。

《财富博客》问世已有7年，在这期间社交网络已发生了改变。它不再是一种制造混乱的力量。相反，它成为一个至关重要的业务组件，从不被接受到融入商业领域的每个环节。

社交媒体对于场景时代是必不可少的。正是通过在线交谈，我们明确了自己的喜好、所处的位置以及我们所寻求的目标。随着社交媒体与移动设备、大数据、传感器以及定位系统等技术的结合，它将成为极富个性化内容的源泉。这些内容使得技术可以理解有关你是谁、你正在做什么以及你接下来可能做什么等场景。

大数据

现在关于数据的讨论比比皆是，其中很大一部分涉及数据危险性和数据量。具有讽刺意味的是，我们在网上所关注和需要的一切都来自数据。数据之于场景时代就如同氧气一般——无处不在且必不可少。

由于所累积的数量巨大，数据通常被称为“大数据”。想要将其具体量化就如同尝试去测量宇宙的大小或者计算全球最大的图片社交分享网站拼趣网的图片量一样徒劳无益。

数据是衡量互联网的单位。2005年时任谷歌首席执行官的埃里克·施密特曾估算互联网的大小约为500万TB。以现在的眼光看，这一数字实在是小巫见大巫了。如今每天互联网的增量都相当于2005年全年总量的一半，同时这一增速还在以指数级的速度提升。

IBM估计全球九成的数据是在最近两年内产生的。里克·斯莫兰和詹妮弗·欧威特在他们共同创作的精美画册《大数据之人类面面观》中这样写道：“如今，在一个新生儿诞生的那一天里，全世界所产生的数据量就相当于70个美国国会图书馆的数据量。”

这意味着我们每天生活中所上传的数据比直到几年前人类历史上所产生的全部数据还要多。

因此，现在对“大”数据的关注很多。有时给我们的印象就是海量的数据被堆积到可以触碰云层的高度，在这座虚拟山峰面前珠穆朗玛峰都相形见绌。

但我们并不赞成把关注点放在这方面。人们在意的并不是数据总量到底有多大，而真正关心的是在搜索、闲聊、视听、购物和进行其他在线活动时所需要的那一小部分。海量数据会使人感到不安，但小规模的数据使我们变得更聪明，能够跟上并理解这一快速发展的世界。

我们将其称为小数据的奇迹。

仅需一次搜索，几秒钟后我们便可以在海量的Twitter中找到我们想要的三条信息。Instagram图片分享应用可以精确地显示你是在哪里和你的狗狗拍的那张可爱的照片，而不会将拍照地点和其他同类照片搞混。

你并不需要成为一个技术专家去搞清楚我们为何拥有这种神奇的能力来准确地找到所需的信息，比如一首歌、一封邮件或者一条餐厅评论。每次搜索就如同是在煤矿中寻找钻石但没把自己弄得蓬头垢面。

我们之所以能够做到这一点，是因为电脑已经有能力辨认数据流的模式并根据用户的需求提取数据。这一复杂的过程通常耗时不足两秒，大多数人也不完全明白它的工作原理。所以神奇之处就在于你可以坐享其成甚至认为这是理所当然的事情。你所需要知道的就是如何在手机上使用几个简单的应用程序。

直到最近，唯有经济和实力都最为强大的机构才可以从数据库中有效地提取数据。首先，需要一名精通数据库软件程序的计算机专业人员将数据录入电脑可以解读的结构之中，并且知晓如何检索。这样做不仅难度大，而且对于那些不得不使用结构化数据库的人来说，这一系统在搜寻相关结果时显得烦琐而缓慢。

大多数人在面对数据时都感到非常棘手。我们倾向于用缩写来指代那些晦涩难懂的电脑语言，比如结构化查询语言(SQL)或DB2资料库。我们已经建立了一个杂乱的互联网，其中充斥着各种不符合数据库语言结构的文本、网站和帖子，因此它无法存在于结构化数据库中。

当数据每天以相当于70个美国国会图书馆容量的速度开始增长时，程序员的结构化和录入速度已无法满足这一增速需求。因此，包括谷歌在内的下一代公司开始构建由庞大的数据中心所组成的网络，该网络有数以百万计的电脑在处理所有数据。

存储这些数据只是一个小小的挑战。而另一个更大的挑战在于解决人们如何从非结构化的堆积如山的海量数据中寻找所需要的那一点数据。

在这一方面，谷歌又走在了前面。到2012年为止，作为谷歌数据搜索引擎的精髓，网页排名通过复杂的数理方程或演算法来掌握不同网站间的关系，然后根据搜索结果的相关性将网页进行排序。

在谷歌问世之前，网上搜索就如同大海捞针。我们不得不一页又一页地仔细查看网页以获得我们所需的那个答案。而网页排名知晓有关搜索的基础内容。比如，当你搜索“park in San Francisco”这一关键词时，它可以根据你的查询模式来判断你想查找的是公园而不是停车场。

谷歌从本质上颠覆了数据方程。现在，人类无须学习机器语言，因为谷歌已经开始让机器来识别人类的语言。这样一来，一切都变得大不相同了。

当Facebook迅速发展成为世界最大的网站时，它在搜索方面产生了一系列的飞跃。首先，它提出了社交图谱用以检索人际关系而不是数据关系。它通过检索图形表示法而不是文本串来推测有关数据。

其次，Facebook建立了图标应用程序界面，允许第三方开发者通过诸如“读”“听”“赞”“评论”等常用动词与Facebook平台相链接并分享数据。

值得注意的是，Facebook最近引入了图谱搜索，这有可能发展成为首个可以挑战谷歌搜索引擎支配地位的技术。不同于使用关键字如“波士顿+龙虾餐厅”来搜索网页，图谱搜索允许用户使用人类语言进行提问，例如“位于附近我朋友们最喜欢的餐厅”。和在网上搜寻网页数据不同，图谱搜索是通过你和朋友们对话的相关内容进行搜索。

图谱搜索可以提供更为快速、简便、与场景相关的搜索结果，这是因为

Facebook的技术能够尽可能地搜索到你希望找到的内容。谷歌利用链接来判断相关性，Facebook则利用你的朋友们以及对你社会行为的理解进行搜索。

在走向场景时代的过程中，这一重大改变将会起到重要作用。Facebook并不是孤军奋战。在对数据的研究中，我们发现数十家开放源码的新公司都在运用新方法来提取非结构化数据。这些公司的创始人似乎更专心于授权给大众，而非帮助那些大公司积攒客户或推送广告。在Facebook的范畴之外，很多公司都利用图片而不是表格来获得更好的结果。

位于加州圣马特奥市的尼奥科技就是这样一家公司。创始人埃米尔·埃弗雷姆用一句格言“一张图片胜过千言万语”解释了图谱搜索对比文本搜索的价值。

数据库技术的发展并不局限于图谱搜索。一家名为AI-ONE的公司在“生物启发智能代理”方面取得进展，通过搜寻理念而不仅仅是关键词来显示结果。简而言之，该公司的技术可以模仿人类大脑的工作方式。从本质上讲，人类可以识别高度复杂的模式。我们能够察觉文本、时间和可视数据的基本特征和意义，这些都是场景的重要组成部分。

模式识别始于几年前，目前配有该技术的数据库检索工具已经初步能够像人类一样思考了。尽管该技术还无法与人类相比，但是其速度和效率已经达到了较高的程度。

然而，这些不断发展的性能也有其阴暗面。我们应该注意到那些伴随着显著变化而来的意外后果。潜在的数据滥用和隐私暴露就是令人担忧的两大问题。伊莱·帕里泽在他2011年出版的《筛检程式泡沫》一书中对隐私暴露这一问题进行了激昂而又诚恳的论证。

帕里泽对几乎所有网站都收集、分享并出售用户信息这一事实持悲观态度。他谈到大型组织用数据将人们模式化，并自认为他们知道什么是我们所喜闻乐见的，先把我们的注意力吸引到他们的网页，之后再让我们点击那些以我们为目标客户的广告。

帕里泽的这本书给人的印象就是，通过数据大型组织正在以奥威尔（受严格统治而失去人性的社会）的方式监视着我们。该书引起了人们对身份盗窃和隐私暴露方面的关注，同时担心大型组织将会控制我们所看到的内容。很多原本就对此感到不安的人在读过此书后更是被吓得魂飞魄散。

帕里泽如同公诉人一样对大数据提出了充分的反对意见。事实上，他的见解不无道理，人们在决定场景时代该做什么和不该做什么的时候应该考虑帕里泽的观点。

但在我们看来，面对这一多元且高度细化的问题时，帕里泽仅表达了片面的观点。该书忽视了由大数据所带来的能够改善世界的变化。

正如尼奥科技的埃弗雷姆所说："从根本上讲，类似尼奥的公司生产的是锤子。你用它既可以建造东西也可以砸碎东西。不错，的确存在数据滥用，我们必须对它保持警惕。但是，允许人们寻找并认识他们所需的最佳解决方案就存在于新的数据库中。通过个性化的搜索结果，大数据使每个人都可以很简单地找到更加令人满意的结果。"

我们赞同埃弗雷姆的观点。如果帕里泽是公诉人，那么或许你可以将我们看作大数据的辩护团队。那些通过窃取、买卖或者其他途径获取数据的滥用者有时会做出一些令人发指的事情。但从百分比来看，大部分数据是对你有益的，而且大部分公司会规范地使用数据从而更好地服务于客户。

毫无疑问，如今这种状况是木已成舟。正如帕里泽所指出的，几乎所有的网站都在收集信息。只要你使用互联网，那么你的相关数据就会被收集。

有些人因此拒绝使用互联网。但如果这样做，就等于选择脱离现代生活。

或许你可以对参与度进行限定。很多人使用Facebook只是与认识的人联系，或找到那些多年失去联系的朋友，或与几个熟人分享评论。谢尔·伊斯雷尔的妻子保拉就是这样的人。她对自己有限度地使用网络平台感到很满意。不管是否意识到了即将到来的场景时代，她足够重视自己的隐私以避开社交媒体的许多其他功能。

与保拉相反，罗伯特·斯考伯几乎整日挂在Facebook上。他几乎把生活中的一切都晒到网上。他是如此透明，有时会让伊斯雷尔感到不安。但在Facebook上的一切已经使斯考伯成为全世界最著名的技术创新者之一，同时对他的职业生涯产生了良性效果。

斯考伯在社交网络上的粉丝已超过100万人。有些人为他在Rackspace的视频工作提供消息来源。斯考伯因此受到了来自全世界的活动邀请。斯考伯认为他在Facebook和其他在线网站上表达得越多，他的在线体验价值就越大。

如果说保拉和斯考伯是两个极端的话，那么包括谢尔·伊斯雷尔在内的大多数人处在这两者之间。在公司开始获得并分享你的数据前，你有权选择加入，或者像保拉那样选择退出。当你这样做时，网站对你将知之甚少，同时你也要意识到从这些网站上所获取的也会变少。随着时间的推移，你很有可能会被甩在后面。

传感器

简单小巧的传感器可以测量并报告变化，它们通过模仿人类的五官感觉来做到这些。传感器可以被安装在一切活动或者固定的物体上，从而分享它所探测到的一切。和大数据一样，由于传感器不仅能看能听，甚至还能理解你正在做什么，因此有时会使人感到不安。

传感器由来已久。早在17世纪中叶，意大利物理学家埃万杰利斯塔·托里拆利就发明了托里拆利管——注入了水银的真空管来测量大气压力，也就是我们常说的气压计。

随着50年前工厂自动化的兴起，传感器的作用得到了充分的发挥。和人类不同，传感器可以不知疲倦地工作，不需要休息，也不会要求加薪。传感器能察觉到人类不曾注意的变化。在工厂流水线上，传感器可以确保商标被准确地贴在瓶子上。核电站也使用传感器进行核泄漏的早期检测。

一些半导体制造厂商，如中国台湾积体电路制造股份有限公司，正在尝试建造“无人工厂”。在这样的工厂里，传感器将取代所有的劳动力。有未经证实的消息称，这些工厂的建设已接近完工。

到20世纪90年代初，传感器在应用于网络后价格变得极其低廉且功能极其强大，这使工程师们开始相信传感器可应用的空间和途径几乎是无限的。

到2001年，相关话题已经扩展为当传感器通过网络进行交流时会发生什么。来自麻省理工学院的技术倡导者凯文·阿什顿提出了物联网这一概念，无生命物体可以通过全球网状网络与人或者其他无生命物体进行交流。这一设想如今已成为现实。网上半数涉及基于传感器的对话都是机器之间的交流。

如今，传感器已经遍布世界的各个角落。以前矿工要依靠金丝雀来监测矿坑内是否有有毒气体，现在我们使用传感器来发现问题并发出警报。传感器帮助探测器“好奇号”在火星上搜寻水和生命的迹象，并将其发现报告给地球。商用飞机上的喷气发动机通过社交网络与技术人员讨论如何节约燃料。

传感器会向卫生官员报告你是否有癫痫病、心脏病或是眩晕等症状。美国食品和药物管理局已经批准了一款嵌入了可消化传感器的药丸。在服药之后，该传感器会向技术人员汇报数据。希望不久传感器可以取代众多的创伤性医疗检查。此外，传感器也被应用于机器人以确保它们具有人类化的举止。

2007年1月史蒂夫·乔布斯推出的苹果手机标志着传感器成为场景的五种原力之一。作为首款成功配备触摸屏的移动设备，它的屏幕内就包含一个微小的传感器。该手机同样包含其他传感器使你可以向水平方向或垂直方向旋转屏幕，搜寻Wi-Fi信号或者与蓝牙耳机相连。该手机甚至还配有一个加速度传感器，用以在手机掉落时提供保护。

现在的智能手机平均配有七个传感器。迅速增长的大量手机应用程序通过传感器获取你的位置并知道你在做什么。对有些人来说这会使他们感到不寒而栗，但是传感器可以使移动设备为用户带来个性化的收益，小到店铺橱窗里的打折信息，大到对下个弯道路况险情的警告。传感器还知道你回家或离家的时间，从而自动调节你所处环境的温度。

手机还知道你的位置和你所去过的地方。警方可以通过手机的位置记录来提供证据以支持或反对嫌犯的不在场证明。警方调查人员会用这些信息重现谋杀案受害者在生命最后时刻的场景，不管你愿不愿意，手机会持续记录你带着它所去过的所有地方。目前的技术已经可以定位到你所在的建筑物。在不远的将来，移动设备将知晓你所在的楼层、房间以及你移动的方向。

传感器同样被用于许多发展前景广阔的移动应用。比如，当老客户走进商店时传感器能够提醒店员，当汽车偏离车道时能够发出警报。传感器甚至知道你正在拿超市货架上的盒子，也知道你的跑鞋是否该换新的了。

当你使用一款名为Highlight的社交应用程序时，可以在你附近大约100米的范围内寻找和你兴趣相投的人。同样，当你步入一家商店，店员便会知道你是常客还是有犯罪记录的扒手，从而区别对待。

传感器能告诉你把钥匙放哪儿了，或者你的狗狗喜欢谁。将传感器植入义肢可以帮助患者恢复触觉。在接下来有关场景城市的一章中，我们会解释传感器是如何观察交通模式中所发生的变化并相应地调整信号灯的，还会谈到传感器如何向现场急救员警示隐藏的危机，并告知他们在浓烟和碎石之间如何找到伤者或昏迷人员。

我们还会谈到传感器如何向人们预警严重的险情。2011年，在日本东北部遭受地震和海啸袭击前65秒，传感器向日本官方发出了警报，官方因此有足够的时间通知驶向危险区域的高速列车立即停驶，从而挽救了数以千计的生命。而在灾难发生之后，传感器又为市民提供了高辐射热图以警示他们远离危险地区。

事实上，传感器在本书的每个章节中都将出现。目前用于移动设备的传感器也可以在驾驶员反应滞后时自动通知车辆采取制动以避免碰撞。传感器也知道你是正在高空跳伞还是正在休息。安装在家里的传感器则可以探测室内烟雾含量是否超标或者是否需要开灯。

Shark Net是一款受人青睐的移动应用程序，它利用安装在浮漂上的传感器和携带水下摄影机的自动冲浪板来追踪鲨鱼的行踪。随着时间的推移，海洋生物学家逐渐掌握了每一条鲨鱼的行为模式，并能很好地预测哪条鲨鱼会在哪个特定地点出现。这款应用程序本来是为海洋生物学家服务的，但我们敢说冲浪爱好者们肯定也在使用该程序。

在军事方面，安装在车辆上的传感器可以检测环境变化，安装在防弹衣上的传感器可以检测头部创伤。传感器还可以探测到敌方的战斗人员情况及火力动向。对于兽医来说，则可利用运动传感器来检测赛马的伤势。

Sensible Self是一家注重环保的公司，其所生产的Green Goose是一款小巧可爱的无线运动传感器，可以用来追踪任何可以移动的物体，比如宠物、孩子、手机等。它甚至可以知道你的配偶是否将马桶盖子盖上了。

《Sensors》杂志的执行编辑梅勒妮·马尔泰拉向我们介绍了传感器融合这一概念。这一新兴技术将不同来源的数据整合成更为准确、完整和可靠的数据。传感器融合可以将同一层次感用于三维建模，从而用于所有现代设计和施工，以及制造电影中那些神奇的特技效果。

如果你顺手牵羊拿走办公用品或者偷偷地搞办公室恋情，传感器同样也会察觉到。如果你有盗窃行为，你的手机可能会被用来证明你有罪。如果你否认去过某处，你的汽车可以证明你是否去过那里，它同样可以证明你去的时间以及当时你是否在车里。

这些场景已经融入了你的生活。它们很快就会变得更加完整并且与场景时代的生活密不可分。

定位系统

2012年12月，苹果公司发布了自己的地图应用程序。公众很快就意识到他们被一场闹剧给耍了。如果在一个冰天雪地的夜晚依靠这个程序导航的话，这种幽默感便荡然无存。

在苹果地图上，世界主要城市的著名地标不是消失了，就是被挪到了水里。有驾驶员反映他们会被语音导航所误导，比如有时导航会让他们在吊桥上急转弯掉头。

很快，如此糟糕的地图程序迫使苹果首席执行官蒂姆·库克向公众道歉，并鼓励用户使用包括谷歌地图在内的其他竞争对手的产品。这实在是令人费解。一家以产品设计出众而闻名的公司这次怎么会输得如此不堪？

有些人认为这标志着苹果和谷歌公司之间痛苦而又公然的决裂。史蒂夫·乔布斯曾认为谷歌的安卓系统是对苹果iOS操作系统的直接剽窃。如此粗制滥造的苹果地图是不是对此前强大盟友的一次复仇呢？我们并不这么认为。在我们看来，苹果犯了一个大错误，但是它可以起到战略意义上的激励作用，并不只是上演了一幕硅谷的恩怨情仇。

尽管谷歌和苹果在历史上曾有不少能够成为盟友的理由，但如今他们注定会成为竞争对手。由于过去的科技公司几乎都按软硬件进行分类，因此全球软件和硬件领域两大巨头的联手起码是令人敬畏的。

在改变世界的移动硬件方面，苹果无疑是个先驱。但硬件最终还是要成为产品。如今苹果的许多竞争对手都在提供类似甚至更优秀的产品，而且价格更为低廉。

当搜索统治全球时，谷歌是这一领域的王者。然而，谷歌意识到需要取得更多成就以巩固自身的地位，同时成为成熟而有谋略的联机软件供应商。

苹果和谷歌的商业模式近年来发展很快，Facebook也开始觊觎那些方式。这三家公司已经意识到他们所面临的最大问题是不知道人们上网时会将大多数时间花在哪里。这不是设备问题而是移动应用程序问题。

要保持领先地位，苹果和谷歌不仅要争夺在线时间，还要竞争与第三方开发商的合作关系从而提供可以发挥应用价值的平台。对谷歌来说，这意味着要有自己的操作系统。对苹果来说，这意味着要有自己的地图应用，因为它看到了定位服务那确凿的价值。对于包括苹果在内的许多公司来说，移动应用程序是场景时代的秘诀，而移动地图则是最具战略意义的一类程序。

Findery是一家提供定位服务的公司，该公司首席执行官和创始人卡特里纳·费克用一句浅显易懂而又意味深长的话解释了定位服务和场景的关系："无定位，不场景。"对苹果来说，没有场景就等于丢失了领军地位。

因此苹果和谷歌分道扬镳。如今安卓和iOS正在角逐移动操作系统的控制权，苹果因此别无选择只好开发自己的地图应用程序。苹果的错误不在于卷入这场竞争，而在于对短时间内面对这一巨大挑战毫无准备，但还要盲目地破浪前进。

当苹果地图发布时，谷歌已经拥有大约7000人从事其地图应用程序的工作。苹果要想在这一点上和谷歌抗衡几乎不太可能，因为苹果一共才有两万员工。谷歌在这一领域的各个方面都领先于其他公司七年。如今苹果面临着巨大的挑战，它吸引了公众的关注，却又出师不利，这也加重了它的问题。尽管苹果地图在准确度上有所提高，但还需要很长的时间来重建用户信任和忠诚。

谷歌移动版地图负责人丹尼尔·格拉夫阐释了建立地图平台的必要条件，并简单介绍了公司的发展动向。格拉夫并不是专业的制图师，他是一个拥有用户手机软件背景的创业者。

他于2011年加入谷歌。格拉夫认为要做好地图应用程序须具备三个要素：

建立基础。数据是所有地图的基础。谷歌首先从其他制图公司获得数据许可。从2007年起谷歌开始自己收集数据，到2012年9月我们见到格拉夫时，谷歌已经在七年多的时间里（其中包括委托其他机构收集数据的时间）收集了30个国家以及一些独特的地区的地理数据，比如达尔文曾探索过的加拉帕戈斯群岛。在大部分地区，谷歌员工们驾驶着布满传感器的专业车辆转来转去，分析路上的一切，包括道路宽度、方向路标、本地化拼写等等。然后，通过谷歌地图的卫星对同一街道和社区进行察看。

至于像加拉帕戈斯群岛这样的地方，谷歌会派出街景小组，尽管在这个原始的太平洋岛屿上并没有街道。他们将需要车载的技术设备精减至40磅的重量，这样小组就可以背着这些设备在岛上进行工作。如果没有微型传感器这一项目就会搁浅。微型传感器还帮助小组进行水下观察。

加拉帕戈斯群岛的趣闻从另一方面显示格拉夫似乎并不担心未来苹果的地图项目所带来的挑战。要打赢地图应用之战不光要投资金钱，还要投资时间。“这个过程不能操之过急。”格拉夫说。在我们看来，谷歌领先七年的优势很难被超越。

记录变化。格拉夫表示最令人生畏的挑战或许就是要紧随本地数据的不断变化。街道名称、地址和方向总是在变化。比如干洗店关张变成了星巴克、旧楼刚被拆除新楼就拔地而起。谷歌利用多种信息源来保持同步，其中最有效的一点就是鼓励用户来纠错。

个性化整合。如果地图应用可以知晓用户的位置、用户在做什么以及接下来想要做什么，那么它就更具价值。

当输入“泰国”时，软件需要理解你的场景——到底是想找那个位于南亚的国家还是下曼哈顿区的一家泰国餐厅？这是谷歌地图最关注的一点，对个性化理解的需求随着公司对软件、服务和平台的不断整合而延展。这一整合允许谷歌不同的应用程序共享对你的了解。

格拉夫指出地图应用程序能够取得成功的前两个要素涉及数据，第三个要素则涉及场景。他预测从我们见面那时开始算起，苹果还需要花费大约一年的时间才能赶上前两个方面的发展。他暗示到那时谷歌已经跨越式地发展到解决第三个问题了。

在我们的印象里，谷歌的战略目标是成为终极场景公司，而我们也能看出它的确是在朝这个方向发展。这便解释了它为什么要努力研发谷歌眼镜。

这也更进一步解释了谷歌为何要开发安卓操作系统，因为这可以使它逐渐发展为能够在“最懂用户”竞赛中胜出的移动平台。这同样解释了Google+为何不愿与Facebook在社交网络领域针锋相对，而是计划打造一个能够与谷歌不断扩展的场景产品紧密结合的社交网络。

谷歌想充分了解你，从而可以预测你的下一步行动。根据你所处的场景，谷歌尝试通过它的任意一款产品来回答你的问题——某个街区的泰国餐厅几点关门？最便宜的停车场在哪儿？那里的治安如何？

苹果能否赶上谷歌的步伐？对于这一问题我们尚无答案，但希望这会成为现实。我们并不会对哪一家公司更偏心。我们始终站在用户这一边，当用户有选择权时，就会促进创新同时带动价格下降。

最近，诸多才华横溢的创业公司推出了很多定位服务，我们期待着更多产品的涌现。当然，这些公司都离不开地图，这也解释了苹果为何需要尽快完善自己的地图应用。这些第三方应用程序也离不开地图，正如卡特里纳·费克所说：无定位，不场景。

定位服务的鼻祖是于2009年建立的Foursquare定位社交网站。它允许用户根据自己的位置进行“签到”。在随后的两年中，该网站的注册用户超过了两千万。

到2013年，Foursquare的用户已经进行了超过十亿次的“签到”，这给公司提供了惊人的超大数据库来了解顾客位置和个性化购物喜好。比如，Foursquare知道在过去的两年时间里，你每个月都要在一个周六的上午去马萨诸塞州埃弗雷特市的好市多超市购物。该网站会让周边的零售商根据你的购物习惯为你提供特价商品。该网站也会知道哪个时间段你可能在哪里，你在波士顿以北几公里的地方是居住还是购物。

如果你还常去家得宝购物，Foursquare就知道你或许想参加在海因斯市政礼堂所举办的马萨诸塞州家居展。当你在该网站“签到”时，参展商就有可能为你提供特价产品。

Foursquare目前还在流行，但最近又有很多更为精致的定位移动服务上市。根据你的个人爱好，你可以借助一些产品做各种事情。滑雪时，这些程序不仅知道你的位置，还知道你滑雪的速度从而计算出你什么时候可以到达旅馆。走进酒吧时，你所钟爱的爱尔兰咖啡已经为你备好了。

通过数码眼镜能够识别的一个动作（如点头、眨眼或一个手势）便可以激活网络信用卡来为你的酒水买单。有些软件会向地图定位发送优惠消息，这样，尽管这些软件并不知道你是谁，但当你在这些地点附近“签到”时就能收到这些信息。

这些新生的革命性的场景软件应用程序即将到来。

从场景方面来说，我们尤其看重谷歌。但真正改变游戏发展的是斯考伯在本书封面所佩戴的那个小玩意——谷歌眼镜。

AGE OF CONTEXT

第2章

透过谷歌眼镜，看！

现在，大多数人看见有人佩戴谷歌眼镜就如同

当年看见有人用大哥大一样新鲜。

——安布尔·纳斯兰德（SideraWorks社会企业咨询公司）

AGE OF CONTEXT

这些最先佩戴谷歌眼镜的人里就有谢尔盖·布林、拉里·佩奇，还有埃里克·施密特。布林负责开发谷歌眼镜这一受到热捧的数码产品。每次他出现在公众面前时几乎都会戴着谷歌眼镜。

在公众可以真正接触到这一设备或者通过它看世界前，有关该产品的宣传和争论早已开始且从未停止。

作为场景设备的旗舰产品，谷歌眼镜是首款运用新型红外线视觉传感器来观察瞳孔的消费电子产品，因此它知道你在往哪儿看。

未来几年，谷歌计划围绕谷歌眼镜及其传感器打造一款新的场景感知操作系统。换句话说，该操作系统将通过外设知晓你的位置、活动以及暗含意图。它会知道你当时是在行走、奔跑、滑雪、骑行、购物还是开车，并为你定制相应的信息。但这还只是一个未来的发展趋势。有目共睹的是，在2013年中，谷歌将绝大部分精力都用于谷歌眼镜的开发和测试。

谷歌通常在新品发布前都守口如瓶，而利用有趣的预告片激发公众的兴趣。在2012年6月（此时距向技术人员发布Explorer版谷歌眼镜尚有九个月的时间）的开发人员大会上，花样跳伞运动员从旧金山上空的飞机上一跃而出向指定降落点急速飞驰，在空中向人们展示了这个城市的面貌。

一个月后，谷歌眼镜联手《天桥骄子》（美国真人秀节目）在曼哈顿举办了一场豪华的时尚秀。模特们身着华贵的时装，戴着时髦的谷歌眼镜。谷歌认为谷歌眼镜是佩戴在面部的设备，所以它必须足够时尚。

布林开始更加频繁地在公众面前谈及这款产品，以前这可不是他的习惯。有人看到他在纽约乘坐地铁时也戴着谷歌眼镜。谷歌还定期在YouTube网站上发布视频，向人们展示谷歌眼镜如何使世界变得富有成效且令人愉快。

但这一切还处于概念阶段。在公众监督的最初阶段，一些曾经许诺的功能已无法实现。这就如同一个小女孩的幻想一般，她跟随着一只迟到的兔子穿过一面镜子掉到了一个巨大的树洞里（指《爱丽丝梦游仙境》）。

大约有2000位独立开发商、各界要人和科技记者是除谷歌公司工作人员外第一批能够接触到该产品的使用者。他们于2013年4月开始陆续收到Explorer版的谷歌眼镜。该版本的产品虽然与概念预告片上所描述的不尽相同，但它确实能够带来前所未有的体验。

对于那些想为谷歌眼镜研发应用程序以发掘其潜能的开发者来说，所需的成本为每副眼镜1500美元，但它并不像智能手机那样具有很大的开发潜力。尽管如此，多数试用过该产品的人都发现了它所具有的巨大甚至可说是具有历史意义的潜力。

很多人表示使用谷歌眼镜可以做许多新鲜的事情。有些人认为，无论是好是坏它都将改变人类与设备的关系。我们认为它会朝好的方向发展。

在之后的几个月中，又有6000副谷歌眼镜被发放到了谷歌If I Had Glass

大赛获胜者的手中。虽然这些人中没有几个是技术人员，但是他们不仅个个能说会道，而且更渴望处在科技的最前沿来体验这一新产品而非获得1500美元的奖金。简言之，他们都倾向于给谷歌眼镜好评。

然而在最初的几个月里，新开发的功能虽不断增多，但却表现平平。《纽约时报》表示，人们可以利用它做一些有用且有趣的小事，比如拍照、阅读、发Twitter、上Facebook。

同样的任务早就可以在手机上完成，但有几点还是大不相同的。比如，谷歌眼镜解放了你的双手。你所看到的一切也同样被你的谷歌眼镜所看到。无须打字输入命令，你可以用语言、轻击或者手势来控制设备。

早在谷歌眼镜上市前，就有对于新奇体验的关注和报道。2013年8月我们参加黑客马拉松时，谷歌眼镜已经有了用来玩游戏、驾驭无人机、帮助医生以及控制机器人的相关应用程序。但受本书截稿日期的影响，我们在完成本章写作时，新的应用程序还没有上市，谷歌眼镜的实际零售价也没有公布，我们也不知道人们每天使用它的时间到底有多长。

不管怎样，我们的确获得了诸多切身体会，我们同时密切关注其他早期使用者的反应。有些人和我们一样对这款产品非常痴迷，有些人则对此不那么看好。一些知名记者，比如VentureBeat的朱莉·欧黛尔曾表示："对于消费者来说，这不是也永远不会是一款好的设备。"有的评论甚至比这更不客气。

毫无疑问的是，作为首款面向大众的面部佩戴计算设备，谷歌眼镜成了人们的话题。2013年5月10日当天，在必应上搜索"谷歌眼镜"的结果达到了1.49亿条，在大约30天的时间里增长了1.25亿条。

事实上，还没有哪款产品、哪项服务或者哪个媒体事件可以在研发初期就成为一个全球关注的焦点，也没有哪款产品在上市前就受到如此多的评论——无论是赞许或诽谤。

那些靠制造恐慌、未知和质疑来吸引眼球的人从最初就蠢蠢欲动。

Five Point Cafe是一家位于西雅图附近的小旅馆。在该设备问世前就禁止佩戴它的人进入该旅馆。业主明确说明他不希望有任何技术控来暗中监视他的顾客。

来自西弗吉尼亚州的州议员加里·豪威尔提议禁止人们开车时佩戴谷歌眼镜。

一个关于禁止将谷歌眼镜用作非法监视设备的全国性请愿书正在酝酿，尽管其中并没有明确监视的方式或实施者。

《福布斯》杂志作家杰夫·贝尔科维奇警告说，谷歌眼镜将会使考场作弊变得更加猖獗。

由于剧院明令禁止在内部进行摄像或摄影，因此剧院特别针对该设备发布了禁令。

Urban Dictionary是一部反映城市现代生活词语的汇编，其中特意增加了一个词条："Glasshole"，指的是一个人总是与谷歌眼镜对话而忽略了整个外部世界。

所有表达这些担忧的都是那些尚未接触到或者永远不会接触到谷歌眼镜的人。

实际上，在谷歌眼镜之前就已出现过好几款数字眼镜。它也不是第一款令人反感的这类产品。加拿大教授斯蒂夫·曼恩和他的家人在巴黎香榭丽舍大街上的一家麦当劳餐厅享用午餐时，有员工发现他所佩戴的数字眼镜令人感到不安，因此把他赶出了餐厅。

当设计大师奥克利发布Airwave时就没有这些问题。Airwave是一款高档滑雪护目镜，配有全球定位系统、蓝牙以及一个内置的小屏幕，可以帮助你滑雪时看到自己和朋友的位置、你的滑雪速度乃至最后一跳的滑行时间。

那么，为什么谷歌眼镜就会如此引人关注呢？它只是昙花一现，还是一款意义深远的新产品呢？

我们相信现在所发生的是具有里程碑意义的事，它将改变你的生活与工作、你孩子的未来以及子孙后代所生活的世界。

迫不及“戴”

斯考伯是第107位获得谷歌眼镜的使用者。当戴上眼镜后他立刻在社交网上分享心得体会。他戴着这副眼镜去欧洲在科技会议上演讲，并让数百人快速体验了这款产品。

两周后，他在Google+（谷歌眼镜用户默认的社交网络）上发布了首条评论称：“在今后的每一天我都会佩戴这个可穿戴式电脑。”

为了说明这一点，他的妻子玛利亚姆拍下了一张他在洗澡时也戴着谷歌眼镜的照片。这一举动遭到了一些人的嘲笑。“如果谷歌眼镜失败了，那就要怪罗伯特·斯考伯。”身为作家和演讲者的彼得·尚克曼在博客中表示了惋惜。谷歌首席执行官拉里·佩奇曾在公众面前告诉斯考伯他“并不欣赏”那张照片。

但斯考伯并没有受到影响，而是花更多的时间来进行拍照而不是被拍。在使用谷歌眼镜的前四个月时间里，他拍了超过六千张照片以及数十部视频。这只是个开始。他说用谷歌眼镜拍照的频率是他使用手机的两倍。

斯考伯开创了一个对创新技术开发商进行访谈的职业。他以直率和热情而出名。据说他有一双慧眼可以发现新产品的巨大潜力。

但即便如此，他也承认谷歌眼镜并不适用于所有场合。比如，在公共浴室里他不得不把它束之高阁以避免被误认为是在录像。在优雅的餐厅约会时，他也觉得戴着它很不自在。“这就是追求时尚的代价。”斯考伯说。

当斯考伯在欧洲短暂停留时，伊斯雷尔则正在家中创作本书。他对斯考伯所发布的帖子既感兴趣也很关注。创作本书的灵感一部分来源于谷歌眼镜，但那是早在它成为实体产品之前。伊斯雷尔担心斯考伯可能会言过其实。他也担忧所有的负面评论会通过互联网被放大。

尽管伊斯雷尔属于比较早接触主流科技的人，但在科技应用方面他却落后于斯考伯。他担心产生意外——暴露隐私以及其他的一些小问题（比如应用程序的缺乏）。

即刻拥有

伊斯雷尔第一次使用谷歌眼镜是在2013年5月。那天，他计划和斯考伯一起为本书采访一些在斯坦福国际研究所工作的研究人员。位于门洛帕克的斯坦福国际研究所是一家颇有历史而又高产的独立研发机构。

那天早晨，他试戴了斯考伯的谷歌眼镜。只用了60秒，他的担忧便烟消云散，并立刻也想拥有一副。虽然他可能不会每天都戴着它，但他知道自己渴望拥有这么一副眼镜并会发现它的很多用途。

仅仅用了一分钟的时间，伊斯雷尔就意识到了这款设备将会提高他的生产效率，扩充他的信息渠道，并带给他新的交流形式。他同时意识到了这款产品的娱乐性，也不得不承认娱乐的商业价值经常被低估。

伊斯雷尔的很多朋友都是五六十岁的人。他清楚有些人会责备并轻视他，但是为了谷歌眼镜这样做是值得的。他还记得当他最先开始使用蓝牙设备时曾被人取笑，而那些人现在都佩戴着蓝牙设备。

他很不情愿地把眼镜还给了斯考伯，但并没有同斯考伯谈及他的想法。他想知道当斯坦福国际研究所的工作人员遇见他们时会有什么反应。当有人佩戴谷歌眼镜对他们进行采访时，他们是否会感到不适？这是否会改变他们之间对话的场景呢？

斯坦福国际研究所从事大量的专利研究，其中一些是政府项目，因此可以说这里是一个安全级别很高的地方。当这里的员工看到斯考伯戴着谷歌眼镜会有什么反应？因为毕竟连运动酒吧和公共卫生间都禁止使用该设备。

当天有好几位研究所的高管与我们讨论他们各自所在的技术领域。对话无一例外都是从这副眼镜展开的。当他们看到斯考伯所佩戴的设备时，就如同看到了一个老朋友出席晚宴时换了一个前卫的发型一样感到不自在。

但每位被访人都要求试戴这款设备。短短60秒的时间，他们便理解了它的工作原理，同时脸上也露出了笑容。每个人都不愿意把它还回去。随着采访的进行，伊斯雷尔注意到被访人很快就消除了不适，可以和斯考伯轻松自在地进行交流。谷歌眼镜很快就变得不那么引人注目了，就好像斯考伯眼前架着的是一副老式眼镜一样。

几个小时后，伊斯雷尔注意到不同寻常的一点。他们之间的眼神交流增多了。斯考伯不再像以前那样经常盯着或者轻击他的手机屏幕。谷歌眼镜改善了人与人之间的关系。

在斯坦福国际研究所的测试相对简单。这里的员工基本上都是世界上最聪明的技术人员，有些对技术的狂热甚至超过了斯考伯。接下来，我们来到了硅谷的心脏——帕洛阿尔托（美国旧金山附近城市）的市中心。这个测试场地虽比不上皮奥瑞亚（伊利诺伊州的第二大城市）的购物中心繁华，但至少也比斯坦福国际研究所这样的技术核心区要好。

我们坐在Tamarine的吧台上，那是一家时髦的越南菜餐厅。午后的客人看起来大多是来饮酒而不是来吃饭的。一位老者一直注视着斯考伯。喝完酒他向我们走了过来。

伊斯雷尔本希望会有一场论战，但那位老者很有礼貌地要求试戴下这款数码眼镜。这一幕和在斯坦福国际研究所所发生的一模一样。60秒后，老人笑容满面但又很不情愿地将它还了回去。“这就是未来的产品。”老人说道，然后点点头微笑着离开了餐厅。

之后的体验者是一名酒保，同样是一分钟时间，然后是更多的点头称赞和笑容。接下来是几位这里的老主顾，同样是演示过后的赞许和微笑。

之后这家餐厅变得人满为患，于是我们便在酒吧吃了晚饭。用餐的人们向我们投来了好奇的目光，但随即又转开。这和曼恩教授在巴黎麦当劳餐厅的经历可谓天壤之别。

晚餐后我们漫步在大学大道上。和斯考伯走在帕洛阿尔托的大街上就如同和迈克尔·布隆伯格一起走在曼哈顿第五大道上一样。每隔几分钟就有人走上前来，其中一些是认识斯考伯的人，而那些素不相识的人则询问能否试戴下他的眼镜。当然，斯考伯都欣然答应了。

接下来发生的一切都和之前一样：一分钟，微笑和不情愿地归还。就这样人们了解了谷歌眼镜，意识到了它的潜力，并且都想要拥有一副。

我们也听到了一些抱怨，但却是关于价格而不是关于隐私的。人们似乎并没有意识到这款眼镜的原型机售价如此昂贵。

伊斯雷尔第二天早上在Facebook上写道："（谷歌眼镜）是我所体验过的最具沉浸式技术的产物。它将变得更好，价格也会更低。它将改变世界，或许不会改变像我这样的老年人的世界，但它对于我孙子那代人来说将是不可或缺的产品。他们的生活会因为有它而变得更美好。"

回顾往事以展望未来

需要明白的是，谷歌眼镜的存在是一剂催化剂，而不是转瞬即逝的闪电。若干年后当人们回首过去时，会纳闷没有谷歌眼镜的日子是怎么过来的。

斯考伯告诉大家说这就好比1977年第一台Apple IIs电脑问世时一样：面对如此新颖的产品，人们显得有些不知所措。对于同史蒂夫·沃兹尼亚克和史蒂夫·乔布斯就这款新电脑的市场销售权达成协议一事，惠普和雅达利的决策者们并不感兴趣。显然，这款极富个性化的新设备由于太过新奇很难有太好的销量。

然而，结果却是该产品受到热捧。Apple IIs电脑开启了一段长达20年的关于发明与生产力的大爆发，我们现在称之为个人电脑革命。谷歌眼镜也将会做到这一点。

至于这要多久才会发生，我们还不能确定。我们最为乐观的猜测是五到十年的时间。而且它的售价必定比现在低得多。

尽管有分析师对此持否定态度，但所有的预测都只是臆想。未来通常会给我们带来惊喜。我们发现预测未来的最佳方法是回顾过去。让我们回顾一下移动装置是如何发展到今天的。

1940年，一款设备的问世帮助盟军士兵在同日军作战时可以通过无线的方式在战场上互相通信。据说，在太平洋的某个岛屿上，一名巡逻的士兵在徒步穿过丛林里的小村庄时正在使用该设备。一个当地居民吃惊地指着他，嘴里喊道“步话机”。它的名字便由此而来。

70年后，步话机在性能大幅提升的同时体积也变得小巧便携，它成了现代生活的重要组成部分。有时，要了解某一事物的未来发展空间，最好的办法就是回顾历史看看它已经发展到了什么程度。

将这一点谨记于心，然后再来试着预测未来几十年内会发生什么。我们所采访过的斯坦福国际研究所曾经发明了很多伟大的技术，比如高清电视和Siri语音个人助理服务。该研究所普林斯顿小组的技术总监萨普·萨马拉塞克拉向我们展示了一款配有增强现实技术的双筒望远镜。它可以将地理标签发送给你的同事并让虚拟人物处在实景之中。比如：士兵们可以构建一个非常真实的现代版的兵马俑大兵；你可以标记一扇窗户向朋友们展示你的公寓；或是向潜在的商业客户展示你办公室的位置。

双筒望远镜本来是为如今的美国军方所设计的，但你会发现它同样可以用在娱乐、零售业、房地产、超级个性化地图以及更多领域。目前这款产品还比较笨重，需要一个三脚架来固定，但萨马拉塞克拉表示该技术最终可以被集成到谷歌眼镜或者其他数码眼镜设备中。

发展空间也许还远不止于此。从对讲机发展到如今的智能手机用了70年时间。在今后的70年时间里，这一技术的惊人能力可能会被植入一副隐形眼镜里或直接与你的大脑相连，由体内的生物电来提供动力。

或许你的子孙会用脑电波而不是轻击或者其他手势来操控这一技术，华盛顿大学的一个研究项目已经证明这一点可以实现。或许你的后裔将观看的是悬在空中的立体全息图像而不像我们总是盯着一个小小的屏幕，如今这一技术正处于研发阶段。

超越帕洛阿尔托

在帕洛阿尔托所发生的一切不会只限于那里，不久便会扩散到皮奥瑞亚、匹兹堡、巴黎、金边、帕果–帕果（东萨摩亚首府）以及任何互联网能够触及的地方，而且速度会越来越快。

当你展望未来的5年、10年、50年时要知道，实际上未来并不属于我们，而是属于我们的下一代以及下下一代的。当斯考伯戴着谷歌眼镜参加一个游戏活动时，两个小孩看到了他并要求试戴这款产品，“棒极了！”他们说。他们的家长则显得没那么激动。

也许这些孩子在明年的圣诞节还暂时得不到谷歌眼镜，但是当他们有了可自由支配的收入后情况会变成什么样呢？我们认为年轻一代将非常乐意接受穿戴式设备而且会离不开它们。就我们而言，这是一件好事。

克服不定因素

在《财富博客》一书中，我们描绘了一幅想象出来的画面：19世纪初，一位铁匠正在一块铁砧上敲打马蹄铁，他的几个朋友坐在周围边聊天边削木头。

突然传来一阵陌生的噪声，混杂着轰鸣声、哗啦声和噼啪声。他们有生以来第一次看到汽车从面前轰隆隆地驶过。他们默默地喝着小酒并以奇怪的目光打量着它，然后笑了起来。“你忘了你的马。”其中一个人大声喊道，接着是更多的笑声。

那位铁匠继续他的工作，并没有意识到这款老式汽车已经开始并将永远改变他的生活。如此粗糙而简陋的机器怎么能取代马匹呢？这么原始的机器怎么会变成特斯拉汽车呢？但这一切都将在这位铁匠的曾孙大学毕业之前发生。

铁匠在1900年时还是个必不可少的职业。就算一个社区没有医生也会有铁匠。铁匠们怎么会像恐龙一样就那么突然地快速消失了呢？

这些消失的职业和曾经统治地球的恐龙可完全不同。多年以来，人类变得更加强壮且可以直立行走，但人类能够不断发展的最重要因素是可以制造更好的工具。石斧变成了大规模杀伤性武器，牛车变成了航天飞机。

英国作家亚瑟·C. 卡拉克写道：“唯一找到可能极限的方式就是超越别人，进入不可能。”这正是谷歌眼镜所要做的。

佩戴谷歌眼镜使我们理解了这样的设备将如何改善日常活动，使我们对现实有新的视角，增加信息量和数据，同时帮助我们捕捉精彩瞬间。

眼镜

现在让我们来看一下这款设备以及通过它能看到什么。眼镜的右边比左边显得厚重。因为在右耳位置有一个包含骨传导扬声器和电池的装置。右眼位置的装置是这副眼镜的精髓——一个只有方糖大小的透明视觉棱镜。

用户通过棱镜看菜单、读文本和邮件、查看内容和命令选项以及欣赏照片和视频。当有来电时，棱镜会显示来电者的身份，然后由用户来告诉谷歌眼镜是“接听”还是“忽略”。如果你熟悉蓝牙技术，就会知道二者的体验差不多相同。但是谷歌眼镜的视觉增强技术使你无须低头去看手机。

这个棱镜或者屏幕正好位于右眼前方，提供色彩丰富的画面。这也是为什么那么多人在体验过斯考伯的眼镜后会露出满意的笑容。因为观看这么小的屏幕远比人们所意识到的简单得多。

眼镜的前部还配有朝内的麦克风、眼部传感器、无线网卡和蓝牙连接。右侧较粗的眼镜腿是一个触摸板。你可以用手指轻击或者滑动它来发出命令或滚动页面。

受电池容量限制，该设备总是默认为关机状态。你可以通过眨眼、按开关或者摆头来唤醒它。摆头这一动作看起来有些奇怪。《周六夜现场》（美国娱乐秀）的滑稽短片痛快淋漓地嘲弄了这一特点。我们认为多数人会选择轻击开关或眨眼。

只需两个词就可将谷歌眼镜唤醒。“好，眼镜……”这两个词使眼镜明白一条语音命令即将发出，比如“拍照”。

麦克风是有意向内设定的。因此谷歌眼镜并不太适用于采访或者录音窃听对话。来自非佩戴者的声音质量在几英尺外就会下降。

NBC科技记者罗莎·高丽珍戴着谷歌眼镜走进电梯，这时候有个男的靠近她并说：“好，眼镜，拍照。”谷歌眼镜没有做出任何反应。如果不是真正的佩戴者，其他人很难让谷歌眼镜上当，以为他们是它的用户。

制胜法宝和罪犯抓捕

尽管有些业内观察员并不看好谷歌眼镜，认为它没有极度成功和受欢迎的应用软件，但是拍照功能早已是它的制胜法宝。不是说它的照片质量有多好，而是说它的拍照速度之快。

我们做了个实验，把智能手机从口袋里掏出来拿在手里，选择照相程序，调整好照相或摄像的设置，到最终按下快门，这一过程一共需要12秒的时间。如果不是特意加快速度的话，这通常需要18到20秒的时间。当然如果手机不在你身边的话，那时间就更长了。

相比之下，说一句“好，眼镜，拍照”仅需一秒钟时间。用智能手机拍一张照片的时间，可以用谷歌眼镜拍18张照片。不仅如此，谷歌眼镜的拍照功能还可以解放双手，你可以在跑步、推婴儿车或者慢跑时捕捉精彩瞬间。

回想下你这辈子所错失的拍照机会：孩子的第一步，青少年篮球赛的绝杀跳投，甚至是恐怖分子留在马拉松终点线上的背包。这些手机没有来得及拍下来的照片本可以用谷歌眼镜记录下来。因此，我们认为谷歌眼镜的拍照功能不仅是它的撒手锏，更是用来抓获罪犯的利器。

超级私人助理

不管谷歌眼镜和其他手机的应用程序有多相似，你和谷歌眼镜之间的互动状态都不同于你以往的任何体验。它使你和设备的关系更加紧密且更加个人化。随着时间的推移，谷歌眼镜会逐渐了解你的个人模式并可以预判你想要知道、看到、品尝或购买的东西。

微软研发主管斯蒂芬·魏茨向我们描绘了未来的一幅图景：看到商店橱窗的一件衬衫，你眨眨眼或者说“买”，这时你的面部设备就明白了你的意图。它会上网查看有没有折扣，并从一家你信赖的且售价最低的零售商那里购买。它会用你的信用卡来完成交易，并选择你惯用的送货方式将衬衫送达。

很多时候，你的私人助理会预料到你想做什么，并为你的下一步行为提出建议。随着时间的推移，谷歌眼镜将会比最亲密的朋友还要了解你。

这听起来是不是很怪异？也许吧，但它也相当方便。谷歌眼镜将陪你度过大部分时光，分享彼此的体验。它比你的记忆更加精准，并会记录最重要的时刻供你和爱你的人在将来一起欣赏。

大众市场潜力

关于谷歌眼镜的最终零售价我们尚不知晓。IHS是一家专门对谷歌眼镜这类产品进行分析的公司，它根据组件和装配的成本，预测谷歌眼镜的零售价约为400美元。但估计他们会使用百分之百的利润准则，这也是大多数消费品生产商的定价原则。

我们认为谷歌眼镜的最终零售价会定在更为接近成本价的200～300美元，而利润主要来源于补充销售，这就如同剃须刀制造商一般都是通过刀片替换装来盈利一样。谷歌已将此模式用于Nexus 7平板电脑。我们猜测谷歌将会从零售交易中收取少量手续费从而为谷歌眼镜获取较大收入。比如，当顾客通过谷歌眼镜购买衬衫，或是被吸引到一家餐厅就餐，或者选购了一款浪漫周末度假大礼包后，零售商将会给谷歌一小部分提成。

当然，谷歌不会孤军奋战。我们了解到微软Blink也在研发这方面的技术。我们设想在未来的几年内将会有更多的同行加入他们的行列。

对于大型互联网公司来说，少量的手续费可以产生数十亿的收入，同时他们也不必用恼人又无效的广告给消费者造成反感。这一话题我们会在第十一章有所涉及。

但这毕竟只是我们的猜测。谷歌眼镜的盈利策略还是公司高层间的高度机密。我们的猜测是基于谷歌目前禁止在其场景产品上做广告这一点所得出的。如果能够坚持这一策略，我们认为谷歌会变得更加明智并积累更多财富。

即将问世……或许吧

在接下来的几个月甚至几年里，我们预计会有超过一百万款移动应用程序适用于谷歌眼镜和其他尚处于开发阶段的数码眼镜设备。

很多程序会和此前已经应用于其他移动设备的程序一致，但有些程序会有所超越。试想一下：

自行车手、跑步运动员、游泳选手和其他运动员在训练和比赛时可以看到行进线路、对手状态、比赛统计和个人健康数据。

医生使用谷歌眼镜与患者进行真正的面对面对话，而不是埋头看显示在终端屏幕上的《健康保险流通与责任法案》。

外科医生能够在患者的重要部位看到经过放大的重要数据。

警方利用专有的应用程序的面部识别功能查看嫌犯的记录。在追逐嫌犯的时候可以进行录像，从而在法庭上证明嫌犯拒捕。

游戏软件可以识别你的面部和身体动作并提供一种沉浸式的娱乐体验。目前有一款应用程序可以让玩家在玩青蛙过河游戏时像青蛙一样蹦蹦跳跳。

考古学家和摄像师用视线和手势就可以操控无人机。

安保人员同样用它来遥控远程摄像机。他们可以通过说“好，眼镜，打开一号摄像机”来搜寻游乐场里走失的儿童。

这些应用程序只是冰山一角。我们相信你肯定还能举出更多例子。充分发挥你的想象力吧。也许在某个地方已经有一位雄心壮志的开发者正在进行研发。

发展空间巨大的纵向应用程序

我们认为，谷歌和即将出现的竞争者们都将把重点放在横向消费应用程序上。这就会给B2B市场留下巨大的空间，在这里，头戴式技术可谓机遇众多。

位于安阿伯市的创业公司Pairasight可以看作B2B市场的先行者。事实上，该公司产品的上市时间早于谷歌眼镜，这是一款优质耐用的双向实时流媒体立体体视镜设备。该公司正忙于一笔含有35个纵向范畴的生意。

我们第一次遇见该公司的创始人兼首席执行官克里斯多夫·萨罗是在拉斯维加斯举办的2013年消费类电子产品展销会上，当时他让我们测试该产品的原型机。虽然它的能力强大，但体积却小得令人吃惊。

几个月后，克里斯多夫的儿子亚伦·萨罗，也是Pairasight公司的主管告诉我们，该公司正在进行多个重要的洽谈，其中几个听起来颇具潜在的应用前景。

在本书截稿之时，Pairasight正在和一家位于密歇根的服务商进行第一阶段测试。这家服务商为当地一家专修高档汽车的机械师提供远程诊断支持。在现阶段，机械师将发动机的问题录制成视频，然后通过电子邮件发送给位于密歇根的汽车专家。如果一切顺利的话，专家们将在24小时内提出他们的建议，当然如果问题更多所需要的时间就更多。

购买进口品牌的车主通常不是太有耐心。他们很难接受修理延误。

Pairasight的原厂应用程序将允许本地机械师和外地专家通过Pairasight眼镜进行双向直播对话。机械师打开引擎盖子进行检查，远隔万里的专家边看边听边提问并给出建议。问题通常当时就能被解决。

顾客得到了更快更好的服务。当地维修商不仅提高了声誉，由于工期缩短还可以接待更多客户。位于密歇根的诊断中心也可以扩大规模，因为每位专家都可以负责更广的区域。

亚伦·萨罗住在田纳西州，该州的医疗中心在州首府纳什维尔。他告诉我们，虽然纳什维尔的医疗服务非常到位，但是在农村却几乎没有像样的医疗和急救护理。

但是，如果有了Pairasight的这款产品，纳什维尔的专家就可以帮助乡村医生治病救人。通过立体技术，诊断医师能够看到比简单的X光照片多得多的信息：当本地医生戴着Pairasight眼镜进行手术时，他所看到的就是身在远方的专家所能看到的。

该设备同样在韩国投入测试。首尔是韩国的医疗中心，而缺乏足够培训的执业医师通常要在农村进行手术。

看起来Pairasight具有巨大的潜能。以客户服务为例。假设你想在家里建造一个露天平台，你可以选择一个对此有经验的承包商。家得宝或劳氏可以借给你一副数码眼镜，一位员工会通过远程技术帮助你。一名专家就可以负责很多区域，从而创造了一个新的售后市场业务。

市场竞争

谷歌眼镜、Pairasight眼镜和奥克利眼镜是全新数码眼镜类产品的先行者，每个产品都找到了独特而又具有巨大潜力的方法以在市场上拔得头筹。但它们不会独行太久。有传言说，苹果、微软、三星和诺基亚都在规划数码眼镜产品。

朝气蓬勃的挑战者们已经做好准备用定价更低的相似产品来加入这场竞争。斯坦福大学的几位学生已经开始研发Epiphany数码墨镜。该产品于2013年5月接受预订，价格为399美元一副。目前，他们正在用立体打印机生产镜框。

Recon Instruments，就是之前所谈到的将技术应用于Oakley Airwave滑雪护目镜的公司，又发布了它自己的一款结实耐用且造型优美的数字护目镜Recon Jet。该设备支持安卓系统，市场目标定位于那些需要与恶劣环境打交道的运动员。

眼镜也时尚

佩戴数码眼镜的人看上去总有些标新立异且引人注目，这可能不是佩戴者所希望的。最初，人们看你会有些不自然，但根据我们在帕洛阿尔托的体验来看，这种感觉很快就会消失。此外，随着数码眼镜变得越来越小巧且不再那么显眼，我们希望它也能变得更加时尚。如今谷歌已将眼镜做得尽可能的时尚小巧。该产品已经显示出它的时尚元素，推出了六款颜色，比如炭黑、橘红、天蓝……

其实我们俩都不是赶时髦的人，但我们都花了大量时间来选择眼镜，因为它已经成为我们面孔的一部分。这是一个敏感的话题。

目前谷歌眼镜还只有一种款式。谷歌告诉我们，当产品上市时会有更多的款式供人们选择，其中包括给已经佩戴眼镜人士的款式。

MetaWatch是一家位于沃思堡市的可穿戴设备公司。该公司首席执行官比尔·盖泽很好奇：作为一家在运算和数据方面造诣颇深的公司，谷歌在销售数码眼镜时是否理解时尚的重要性？

在他看来，对于可穿戴式设备制造商来说，生产除眼镜以外的其他设备也许是较为安全的选择。“手表和首饰通常能够表达一个人的地位，也是一种自我表现形式。”他认为将数码技术与这些物品结合才是正常演化。

“谷歌眼镜之所以适合斯考伯是因为它可以准确表现他的身份和喜好。我不认为大部分人会像他那样看待谷歌眼镜。”盖泽解释道。

盖泽指出人们依旧违反法律在开车时使用手机，因为他们不愿意戴着“使他们看起来像博格人（《星际迷航》中的外星人）一样”的蓝牙耳机。至于谷歌眼镜，盖泽的看法可能会被证明是正确的，但我们并不这么认为。其中一个原因是，对于开车打手机的处罚力度将不断加大。在纽约，这一行为将被扣三到五分的驾驶员交通违章记分。

而且，谷歌的时装模特表演同样展示了该公司对于时尚元素的嗅觉。不仅如此，眼镜本身也是个时尚产物。不知道出于何种原因，一些职业篮球运动员喜欢佩戴没有镜片的眼镜。有些人猜测，这能让他们在参加新闻发布会时显得更加斯文。

很多时尚品牌都面向普通消费者推出了时尚眼镜，比如，奥克利、蔻驰、凯特·丝蓓、古驰，甚至是古板的布鲁克斯兄弟（美国服装品牌。——译者注）。

有传言说，谷歌正在与新派眼镜企业瓦尔比派克公司合作。也许下一款谷歌眼镜将彻底由瓦尔比派克公司来设计，顾客可以在当地的亮视点眼镜店选择符合自己品位、预算和形象的数码设备。

我们对谷歌眼镜持乐观态度。谷歌已经证明自己是一家具有远见的公司，当你正在发明能够改变世界的科技时，你既是为当今时代的孩子设计产品，又要考虑他们20年后的需求。

时尚很重要。如果谷歌眼镜被认为是书呆子的产品，那么只有科技狂人才会佩戴它。但如果谷歌眼镜足够时尚的话，那就会被广大受众所接受。如果谷歌眼镜不把握好时尚这一要素，那就会成为它的绊脚石。

暗中监视？算了吧

关于谷歌眼镜能够“看你所看”的第二个问题就是：一些人可能会变得非常注重自我保护，认为别人有能力通过极端的方式来记录并暗中监视他们。

出于某些原因，人们非常关注谷歌眼镜被用在公共厕所偷拍这一既愚蠢又危险的行为。谷歌眼镜只能捕捉使用者直视范围内的画面，而且当它拍摄时，棱镜会发光。当你拍照时，会发出提示音。总之，如果有人在卫生间或者其他地方不恰当地使用它的话，就很可能被抓住，而且结果要比斯蒂夫·曼恩在巴黎所经历的糟糕得多。

用智能手机进行暗中拍摄则要简单得多。或者是Memoto相机——一款几乎无法被察觉的号称可以“记录生命日志”的可穿戴式相机，它每隔30秒钟就会自动无声地拍摄一张照片。

在我们看来，大量的不实报道过分夸大了人们对于非法收集数据和暗中监视的合理关注。

到底是谁看谁

人们能否接受数码眼镜的最大障碍既不是市场竞争也不是时尚因素，相反，关于隐私和有可能被监视的担忧则使许多人暂缓甚至永远也不会使用智能眼镜。

我们真正所担忧的话题还没有被提及：如果一切反过来会出现什么问题？当你戴着谷歌眼镜（或者其他类似产品）时，你所看到的它也能看到。你所看到的一切都被收集成数据。如果谷歌眼镜要兑现成为你的超级私人助理的诺言，那很显然它必须知晓你的一切。

但是这些数据归谁所有？如何被再利用呢？看起来谷歌是这些数据的管理者、拥有者和决策者。多年来，谷歌一直大力收集用户数据。

迄今为止，谷歌在保护用户数据方面保持着良好的记录。尽管有一个不争的事实是它于2010年收购了一家面部识别技术公司，但它声称不会将这一技术用于谷歌眼镜。

在2013年谷歌开发者大会上，谷歌眼镜的产品经理史蒂夫·李告诉数千位与会者，“任何”有关设计和功能的决策都是用来保护用户隐私的。这使我们感到放心，甚至是深受鼓舞。但这并不代表它是刀枪不入的。在发放给研发者使用的第一周时间里，就有技术人员两次黑入了谷歌眼镜，目的就是告诉谷歌该产品还是存在技术漏洞的。

不过即使谷歌眼镜被盗或者被黑客入侵，甚至借给朋友超过了一定时间，谷歌都有能力将它关闭。小偷不能假扮主人并通过预存的信用卡信息来买东西。这听起来可能有些怪异，但如果一款设备能够如此智能，可以识别且仅听从主人的指示，那还是有一定好处的。

事实是，所有技术从根本上讲都是有弱点的。从理论上讲，任何被建立的系统都可以被黑客攻击或被滥用。有些坏人同样拥有超乎寻常的技术能力和创造性想象力。我们可以告诉你，谷歌眼镜被恶意篡改的可能性要比对此并不了解的人所说的小得多，因为他们在这个问题上并未深入研究只是凭主观想象。

谷歌或许不会像乔治·奥威尔的小说《一九八四》里的那个“老大哥”一样，但它肯定会一直观察你。

有关数据所有权的争论在这个问题被解决之前还将持续相当长的一段时间。与此同时，管理工作似乎要落在谷歌及其他数据采集公司的身上。

当政府机构出于国家安全、犯罪活动嫌疑、避税等理由想要查看这些数据时该怎么办？如果是记者、招聘人员或者离婚律师想要查看这些数据时又该怎么办呢？在关于谁有权查看我们的数据这个问题上，我们有话语权吗？甚至说当我们的数据被审查时，我们是否会接到通知？

就个人而言，我们相信谷歌目前的负责人能够肩负起责任。但这家公司成立还不到20年，而且还有很长远的发展之路。20年后会由谁来运营它呢？他们是受道德约束还是受利益驱动呢？

他们会做出什么样的决定？未来的决策者们在做决定时是更关注财务问题还是会兼顾道德规范呢？这些问题我们无法回答，谷歌或者其他公司的高管也同样无法回答。但数据所有权是所有现代公司都要解决的问题。

我们认为这有理由引起关注，也希望这会成为一个长期且对公众透明的讨论话题。

在第十二章中，我们将重拾新场景时代下隐私这一复杂的话题，其间我们会频繁地提及隐私。我们发现有必要在本书的大部分章节里提到它。

在下一章您将看到，我们在看一盒麦片时，都有理由来担心隐私问题。

AGE OF CONTEXT

第3章

场景时代下的消费者

有时候你想去人人都认识你的地方。

——美剧《干杯酒吧》主题曲

零售业在过去的一个世纪里发生了巨变。最初，商店都开在主要街道上，店主们能够像熟知自己的邻居一样认出每位顾客，他们的关系也亲如近邻。这一模式随着互联网贸易的诞生而终结，零售商无须与人接触便可扩大经营且提高效率。

现在当你可以在家办公来完成全球贸易时，有些东西在这一过程中遗失了，而且很难在现代社会恢复。

山姆·列辛很怀念过去那个更加注重人际交流的时代。这可能是因为Facebook的时间轴显示他出生于1914年。这使人感到困惑，作为Facebook身份认证产品团队的负责人，他主要负责管理Facebook的时间轴。他看起来也就是三十岁出头，但他的谈吐使他看起来像1914年生人："一些重要的人际元素在这一过程中消失了"。

他认为那个曾经大幅降低了人际关系亲密度的技术现在或许可以用来恢复那种关系。他认为Facebook的时间轴功能可以成为解决方案的一部分，尽管他知道该平台即将进行的调整和改变会惹恼许多用户。

在他看来，Facebook的时间轴正在朝这个方向努力。最终Facebook将通过社交网络再现那种亲密的感觉，广告商和用户可以在网上了解彼此并增强其他参与者的体验。

这项工作不仅对Facebook是个挑战，也是对任何希望在“面对屏幕的世界”进行个性化零售的网络公司的挑战。如今，基于交易的零售业的便利性显而易见，但如果你希望像我们一样不愿仅仅依靠购买和支付历史的数据线索而出名的话，像列辛这样的工作人员就还有很多的工作需要做，才能使多数人感受到信任和舒适，乃至感到热情温馨。

列辛认为，场景技术之所以能够改善零售体验，是因为卖方可以更多地了解个体消费者，像从前家乡的商人那样为消费者服务。

和其他在线平台一样，Facebook希望建立一个可以预测用户需求并在其需要时能够提供帮助的系统，而且一旦用户做出了决定它就不会继续打扰用户。

列辛深知这比目前向我们推送的关键字信息要意义深远得多。在想象成为现实前，他还有很长的路要走。

谷歌的网络架构师维迪亚·纳拉亚南赞同列辛的看法，她不仅参与了有关移动场景感知和个性化的工作，还是高通公司研究团队的一员。作为全球移动技术的领导者，高通公司正在研发Gimbal——一款服务于安卓和iOS移动程序开发者的领先场景平台。

“在帮助用户方面，我们才刚刚起步。目前我们所能做的还很有限，比如只能提供场景日历还有去机场首选道路的地图等。”

但作为用户，我们最终会有更多的需求。我们希望网站可以像《干杯酒吧》（美国电视场景喜剧）里的酒保山姆那样招待我们：老主顾一进来，不用问他们想要喝什么，山姆就直接给他们倒好了常喝的酒水。在递酒的同时，还会和他们聊聊彼此的工作和生活。

这要比告诉你“在亚马逊网站上购买此书的人还选择了以下产品”好得多。然而，要达到上述的零售体验还需要很多小心的尝试。

实际上，全球很多最成功的大公司都在加速进行这些尝试。其中不仅包括人们熟知的互联网巨头，还包括传统的主流零售商比如沃尔玛、新英格兰爱国者队（全美橄榄球联盟的球队之一）以及那些诸如给酿酒师和高端客户牵线搭桥的新兴小型创业公司。

是的，他们收集你的数据，利用定位技术知晓你的位置以及去向，并利用传感器看你所看。这听起来有点像热门美剧《疑犯追踪》的开场白：“你被监视了。政府有一套秘密系统可以24小时暗中监视你……”

列辛并不这么看。他认为把个人信息提供给Facebook或者其他网站就如同投资于一家全球数据银行。“你越向世界开放自己，这个世界就能够满足你越多的要求。”他说。

但依然会有很多人对此感到不安。虽然我们还不能完全理解其中的原因，但我们相信这一潮流是无法避免的。你所面对的互联网公司会越来越了解你和你的喜好。任何阻止个人信息被收集或使用的尝试都无异于螳臂当车。

这同样适用于现实世界中的消费者。很快你就会意识到网上与实体零售所使用的场景技术没什么两样。你步入商店时所携带的技术会与商店自身的技术进行交流——你口袋里或者钥匙链上的会员卡将实现这一移动技术。它能应用于橄榄球场的售货亭——或许这种看不见的信息交换最受欢迎的一点就在于它能帮助忠实的球迷更快地买到啤酒。

场景球迷

全美橄榄球联盟（NFL）是全球最赚钱的职业体育组织，2012年的收入为88亿美元。但家家有本难念的经，据内部人士透露，到现场观看联盟球赛的观众人数在以平均每年2%的速度缩减。NFL的主要收入来自现场观众的消费。这不仅是指售价高昂的门票，还包括场内餐饮和球帽、T恤等各种纪念品的销售。

那么这些球迷去哪儿了呢？他们并没有转投其他体育赛事。实际上很多职业体育联盟都面临着同样的现场球迷流失问题。球迷看球与否甚至不受经济形势影响，就如同同一支橄榄球队里的中后卫和四分卫的关系一样——互不影响。

实际上，NFL最大的竞争对手就是它最赚钱的盟友之一——高清电视。转播商当然要为转播许可权支付一大笔钱，但和现场球迷消费相比，电视转播的利润要少得多。转播商也无法从球队手里分享广告收入，更不用说向观众出售任何产品了。

每年都有越来越多的人选择宅在家里或者去当地酒吧通过大屏幕观看比赛。在客厅或者酒吧高脚凳上欣赏多摄像机位传回的画面和清晰的声音，这样的视听效果比坐在现场的最佳位置看比赛还要好。另外，在家或酒吧用餐也方便得多，价格不贵，上洗手间也不用排长队。

啤酒和软饮销售对NFL来说相当重要，占整场比赛总收入的七成，而且利润率很高。因此每当有球迷在当地酒吧点一杯冰啤时，NFL的总收入就减少了一部分。

显然，NFL的运营者是一群有竞争意识的人。他们明白如果每年都有百分之二的现场球迷流失的话，他们就需要改变策略了。

使我们吃惊的是，他们已经发现了关于在线和场景技术的解决方案。从2013年9月开始，季票球迷在球场内使用平板电脑或者智能手机收看比赛要比在家观看电视的效果好。最重要的一点是，当他们在新英格兰爱国者队主场吉列体育场观看比赛时，能够以更快的速度购买汉堡和啤酒。新英格兰爱国者队是过去十年间胜率最高的橄榄球队。NFL将该队作为整个联盟的试点案例。如果成功的话，这一运营模式将在未来几年间推广至NFL全部32家球队的主场。

新英格兰爱国者队的选择看上去有些奇怪。多年来，该队每次主场比赛的门票都会售罄。等待购买季票的名单已达六万人，相当于一个主场的容量。打个比方，如果一个大学生现在被列入等候名单的话，要到年过花甲之时，才能轮到他购买季票。

那么为何选择爱国者队作为试点呢？究其原因，该队是NFL联盟里最注重引入在线技术的球队。卡夫集团是爱国者球队的拥有者，该集团主席乔纳森·卡夫也是NFL数字媒体委员会的联合主席。他被委任寻求通过技术增强球迷体验的方法。

卡夫知道此项工作的利益与挑战。“虽然这没有现场比赛那么刺激，”他说，“但我们意识到我们必须提供人们在家看球所能享受的体验，然后将球场内的体验做得更好。”

卡夫为此求助于爱国者队的副总裁佛瑞德·基尔希，他的工作就是利用技术手段拉近球迷和队员之间的距离。他有过这样的经历。20世纪90年代中期他开设了KirschWords博客，这是首个被体育运动队所认可的博客，也是首个获准对NFL比赛进行实况转播的博客。基尔希同样是使用播客技术转播比赛的第一人。目前，KirschWords每场比赛的下载量可达20万次。

爱国者队继续它的创新之旅。他们不仅将未剪辑的球员新闻发布会放到球队官网上，还活跃在社交网络上并推出了一整套移动应用程序。

这使得爱国者队的球迷几乎遍布全球，在这一方面它或许比其他任何球队做得都要好。如今，每年从网上关注爱国者队的球迷要比到现场看球的人多得多。

基尔希通过与凯创网络公司签约来实现利用在线技术增强场内体验的目标。行动的第一步开始于2008年，为整个体育场构建无线网络，使其绝对可靠——可以满足7万名球迷同时上网观看同一段回放或直播且没有丝毫的延迟。

这一工程史无前例，需要一套昂贵复杂的双密度系统。该工程于2010年完工，平均每次主场比赛有1.2万名球迷使用该系统。到目前为止它的运转一切正常。遍布于整个场馆的高清摄像机提供独家直播画面。每场比赛都有一个摄像头专门捕捉该队魅力十足的四分卫——汤姆·布拉的一举一动。

这与Foursquare网站的“签到”功能不同。凯创首席营销官瓦拉·阿夫沙尔解释说：“此举在于让球迷们通过智能手机或平板电脑来获得前所未有的且仅能在场馆内获得的体验。”吉列球馆的无线网络旨在为球迷提供一个比在当地酒吧更好的体验，所提供的视频质量也绝不亚于，甚至高于高清电视。

到2012年凯创公司的网络已准备好接受现场球迷的测试。拥有移动设备的季票持票人和高级座位的球迷可选择六种比赛现场视角外加录像回放，还可以利用无线网络上Twitter或查看其他比赛。

2012年仅仅是个开始，可以用蹒跚学步来形容。到了2013年，该系统迈出了实质性的第一步，无须离开座位“高级球迷”就可以使用移动设备来点餐，同时可以通过应用程序用信用卡付款。

遗憾的是，食品饮料还无法送至球迷的座位前。“橄榄球球迷看比赛时相当专注，不愿意错失任何一个场面，也不喜欢给坐在中间的人传递热狗或啤酒。”卡夫说。为此球队场馆内设置了一条快速通道。球迷在被告知可以取餐后，再穿戴好去取餐，然后回到座位上，这样可以尽量减少错过比赛内容。

球迷同样可以通过手机应用程序来查看哪个厕所排队的人最少，这可比对啤酒的需求迫切多了。球队利用定位技术获知你所在的看台，并告知你最近的卫生间和小卖部的位置。

从这些小尝试中，爱国者队的管理层希望能在2013—2014赛季实现更大的发展，吉列球馆的系统将提供更深层次的场景服务。他们收集了现场球迷饮食习惯的数据，他们能够获知季票持票人的到场时间以及在比赛期间的消费习惯，因此他们可以预测在一场比赛的某个时段谁会来买什么东西。或许他们会允许球迷在进场前就开始预订。

这一切都将帮助该队预测他们的库存。他们会提前清点所销售产品的数量以及何时进行准备或销售。球迷们可以无障碍地下单。球队也将降低成本并为最忠实的球迷提供更好的服务，这也是可以得到回报的一种投资。

在被推广到其他NFL场馆前，该系统还将用于在吉利体育场举办的摇滚音乐会以及其他活动。当然，对此技术持赞成态度的其他体育团队、演唱会和会展公司都会效仿爱国者队的做法。

适时体验

尽管我们中的有些人会像列辛那样怀念过去那简单的时代，但我们同时也享受着场景新时代所带来的便利。网购虽然没那么有人情味，却便利又便宜。

虽然网购时没有类似《干杯酒吧》中的酒保山姆，但如今场景技术正在引领我们慢慢走进一个时代，使我们的网购体验如同过去在熟悉的商店里买东西时一样感到自然亲切。

不只是网络购物，这项技术还可以显著地改变我们和距家千里之遥的大牌商店的关系。社交网络正是其中的一部分。新应用，比如我们此前提到过的一款基于社交网络的定位服务软件Highlight，就能告知店铺有顾客即将到来。

在纽约时，罗伯特·斯考伯曾在Highlight上留言说他要到布卢明代尔百货公司去买某一品牌的牛仔裤。当他步入大门时，一位女销售代表因事先看到了留言而知道他会朝店里走来。用户身份照片帮她认出了斯考伯。通过Highlight的消息传递功能，她帮助斯考伯找到了他提到的那条牛仔裤。

虽然这不是什么惊天动地的大事，这则趣闻却说明了人际关系已经达到了新水平。在线场景技术正在通过显著且具有潜在可扩展性的方式慢慢拉近现实生活中商人和消费者的距离。它同样显示了场景技术是如何改善零售商对谁是网络世界影响者的认识的。

熟悉斯考伯的读者都知道他不是个赶时髦的人。布卢明代尔百货公司也很清楚他并不是该店的常客。然而，场景技术通过扩展他们的选择标准使推广和个性化VIP待遇变得更容易，以此来适应那些在网络社区有影响力的人群。

运用场景五力的不同组合，有远见的市场营销者正在将重点从信息轰炸更多地转向“适时体验”。“适时体验”这一概念是由Lopez Research的创始人玛丽贝尔·洛佩兹提出的，指的是移动技术“在客户恰有所需时”传递恰当的信息。

我们都曾感受过“适时体验”。比如，当我们从看台上接到一个本垒打时，在海滩献出初吻时，受到名师鼓励时，或者从豪华轿车里看到一位闪亮的明星时。

场景技术允许市场营销者向越来越多的消费者和潜在客户提供适时体验。“米老鼠”也想为你的孩子们做同样的事。

魔法山的魔法环

迪士尼乐园和迪士尼世界，这两个家庭出游的绝佳目的地，将很快在一次性可穿戴设备上安装传感器。

魔法环（MagicBand）是一款塑料腕带。2013年3月当我们在为本书进行调研时，该产品还在等待联邦通信委员会的认证。据介绍，它是一款由电池驱动的一次性智能无线腕带，内含门票编码和传感器。使用者的名字会显示在腕带上，它将最终替代全球迪士尼所有乐园的门票、徽章或通票。该设备含有经授权的信用卡信息，因此全家可以尽情地享受，而不会因为总要找妈妈要信用卡而扫兴。

虽然吉列球馆与迪士尼乐园的顾客和应用程序截然不同，但二者所使用的场景技术却如出一辙：都是在一个特定的区域内改善客户体验。这一现象被称为“地理围栏”，即场景技术在现实场所设立的一个虚拟边界。

我们认为地理围栏将会被更广泛地用于现实世界以提供更多的适时体验。

斯考伯和我都不怎么去游乐园，也很少去看橄榄球，但我们身边也有地理围栏能够满足我们最喜欢的适时体验。

以酒待客

2013年3月，一家小型分析咨询公司VinTank在纳帕郡的450家酿酒厂建立地理围栏。纳帕郡是加州的酿酒工业中心，也是我们最钟爱的一个度假胜地。

公司创始人和首席执行官保罗·马伯瑞介绍，VinTank“处于酿酒业和科技的交集”。巧合的是，他和他的商业伙伴兼首席技术官詹姆斯·乔里都是爱喝红酒的科技狂人。

作为一家分析公司，VinTank很早就接触到社交媒体且非常善于对其加以利用。该公司对了解葡萄酒爱好者的想法所表现出的兴趣远比对利用社交媒体播放销售信息的兴趣要浓厚得多。事实上，该公司十分愿意倾听网上关于红酒的交流，在这一点上，它比其他任何一家公司做得都好，也使其在很多方面都更具优势。

2012年，VinTank收集分析了3.5亿条在线网络对话，相当于每天100万条。从这些数据中，他们提取了5000万条关于品牌、区域或品种的信息。

这使他们得以建立一个关于个体及其红酒喜好的大型数据库。到2013年2月，他们从社交网络上记录了1350万人对红酒的喜好。平均每月，VinTank都会增加大约50万条对话形式的趣闻。

如果你花100美元购买了一瓶优质解百纳红酒，VinTank可能就已经记录下了你的名字和浏览过的在线地址，它会把这些信息与正在寻找潜在高端顾客的酒厂客户部门分享。

如果你发Twitter说喜欢在街角狂饮“两元抛”（一种廉价红酒）的话，那么请放心，你的小秘密很安全，因为VinTank已经把你从数据库中删除。

VinTank同样关注你所发布的照片和可以定位的社交网站。每当有人在Instagram上晒关于酒厂的照片，在Foursquare上“签到”，或者报告通往纳帕的主干道29号公路堵车时，VinTank都会捕捉到关于此人的位置和活动的数据。

VinTank可能比其他任何组织都更了解个人对红酒的品位，纳帕郡既是该公司的总部，也是它的撒手锏。VinTank同样知道你加入了哪家红酒俱乐部，光顾过纳帕的哪些餐厅，最近一箱红酒是在哪儿买的，去过哪些品酒室以及发表过什么评论。

基于这些数据，VinTank对红酒爱好者进行分数评级。这类似于Klout对社交媒体影响者的排名，但看上去VinTank的排行数据来源更多，而且是实时更新的。当你发布一张和朋友们举杯微笑的照片时，VinTank会在第一时间就捕捉到。

2011年，马伯瑞和乔里渐渐明白这些数据对酿酒厂的价值远不止于仅仅用来做分析报告。他们越琢磨越觉得有前途。更为有利的是，在VinTank从分析公司转型为更加赚钱的销售服务商的过程中，场景技术帮助他们排除了各种可能遇到的障碍。

每年大约有500万人到访纳帕。如果VinTank知道这些人在哪里逗留、就餐以及喜欢哪种红酒，就可以更准确地预测出人们所感兴趣的红酒品种和想去的场所。纳帕的酒厂和餐厅很可能已经是VinTank的客户了。

2013年3月，VinTank开始为25家酒厂建立地理围栏，并逐步扩大这一区域至整个红酒产区。基石酒窖（一家位于扬特维尔的小酒厂）的合伙人克雷格·坎普是最早一批签约VinTank试点项目的酒厂负责人之一。

“几年前我们就梦想有这样的服务，但直到VinTank将它们整合起来才实现了这项技术。”坎普说，“我们的红酒定价为每瓶40～120美元。但我们很难在顾客刚一步入商店时就能确定哪些是高端消费者。”基石酒窖是如何从普通消费者中辨别出那些既钟爱“作品一号”（纳帕谷顶级的葡萄酒庄园之一）但又想尝试些不同产品的顾客呢？

当喜欢“作品一号”的人士在附近驾车、住宿或吃饭时，VinTank就会告知基石酒窖。酒厂会发送一条个性化定制的电子通知或短信邀请游客参加私人藏酒品尝活动。

这不仅是地理围栏的最大优点，也是场景营销者所谓“精确行销”的极好范例。“精确行销”指的是将潜在客户感兴趣的优惠信息以适当的方式精确地发给他们。这一点我们将在第十一章中具体展开。

VinTank为纳帕所做的一切同样有可能用来帮助其他休闲场所如餐厅、游乐园、酒店或博物馆来寻找潜在的消费者，同时过滤掉那些身处附近却非目标群体的人。

神奇之处就在于，随着时间的推移，无论你走到哪儿都会有越来越多的人不但知道你是谁，还知道如何来准确地帮助你，即使他们帮不了你也不会来打扰你。

但这一增强版的个性同步化产品同样缺乏隐私，有些人最开始会觉得不安，但我们相信这会随着时间的推移而改变。马克·安德森是硅谷最受尊敬的思想家和投资者之一，他预测店主可以在消费者到来的同时知道他是谁和他的需求。“现在人们也许觉得有些不可思议，”安德森说，“但20年后如果你走进一家商店而店主不认识你，那才叫奇怪呢。”按照目前的发展速度来看，我们认为20年也许还有些保守。

Uber体验

Uber最初叫UberCab，可惜这家创业公司由于无照经营总是收到市政府的禁令。Uber是一家以定位服务为基础的运营商，在北美的大部分城市和越来越多的全球主要城市内提供接送服务。一般客户在发出短信十分钟后便可享受该公司的服务。

他们总是能够找到你。司机知道你的位置，因为当他驶来的时候，你的手机就出现在他的移动应用地图上，同时你也能看到Uber的车辆正在驶来。Uber的车辆通常是崭新且一尘不染的豪华轿车或者新款SUV。

到达目的地后，你只需下车离去即可。Uber有你的信用卡信息并会自动扣除包含20%小费在内的费用。司机都以彬彬有礼而出名，他们的酬劳为费用的30%，远比开出租车的收入高。客户可以像在Yelp给餐厅打分或者在eBay给卖家打分一样给司机打分，也可以根据地点或评分来选择司机。但请注意——司机也会根据乘客的行为给乘客打分。

安德森对科技资讯网表示他非常希望自己投资这家公司。“Uber这款软件可以搞垮出租车行业。”他说。我们对此表示赞同。Uber正是我们所说的“适时体验”的一个典范。

如果人们定期使用Uber，我们认为它能够发展得更胜一筹。当你发信息时，Uber会记录下你的位置。Uber建立了一个预期系统观察你的行为模式，随着时间的推移，系统知道你所习惯的叫车时间和地点。车辆会在你需要的那一刻出现在你眼前，或许在你发信息前就已经到了。在寒冷的雨夜或者身处混乱的街区时，如果能在冻得瑟瑟发抖或被洗劫一空前搭上车的话是最令人欣慰的。

也许是Uber首创了允许客户自动支付实体产品和服务的想法，但如今这一概念已经开始普及。苹果应用商店有一款名为EasyPay的特色应用程序。当注册用户走进一家苹果实体店后，可以用该程序扫描条形码查看评论和产品规格，点击付费后会通过在iTunes上注册的信用卡付费，然后离开商店。整个过程都无须和店员交谈。收据会通过邮件发给用户。

对我们来说，这一场景呈现了一个有趣的现象。场景技术在使电商更加人性化的同时也令实体商业变得不那么人性化。但只要消费者能够决定他们喜欢哪种方式，我们就支持哪一方。

关注沃尔玛顾客

2013年1月我们参加了消费电子展，部分原因在于我们想观察零售商在利用场景技术做什么。我们惊讶于有越来越多的传感器融入消费产品。

给我们印象最深的就是PrimeSense，一家在硅谷设立办公室的以色列公司。该公司在立体传感器方面领先世界多年。PrimeSense将此项技术用于多款娱乐设备之中，包括微软Kinect体感游戏——传感器可以读懂孩子的手势和酷舞脚步。

PrimeSense将新的场景功能融入现有的各种产品，比如电视、智能手机、平板电脑、蓝牙设备、照相机和汽车。这些传感器具有精确的识别能力并可以辨别出人触碰物品的力度。

据公司董事长、创始人阿维亚德·梅泽尔斯介绍，PrimeSense将自己的产品视为其他公司产品中的神奇组件。“当你弄不明白某个产品的工作原理时，我们希望其中的奥秘就在于PrimeSense的技术。”他说。他向我们展示了一款为移动设备制造商所设计的传感器，它只有一片口香糖那么大。PrimeSense的传感器与将谷歌眼镜打造为突破性产品的因素也有着密切的关系。

PrimeSense在消费电子展上非常低调，只在一个内部旅馆的套房内展示了几家创业型合作伙伴使用该公司的传感器所生产的产品。这些产品都令人印象深刻，尤其是一家名为Shopperception的阿根廷小公司的产品使我们赞叹不已。

该公司为实体产品和品牌生产空间识别工具。早期接受测试的商家包括全球最大的实体零售商沃尔玛和全球第八大最受欢迎啤酒厂商喜力。这两大主流品牌通常只有在新技术被别的品牌测试且改善过后才会接受该技术。所以这些知名品牌已经开始测试场景技术这一事实使我们更加确信场景新时代即将到来。

与爱国者队和VinTank一样，Shopperception对“忠诚计划”的使用是顾客参与的关键。对零售商来说，在顾客接触商品的那一刻就产生了前所未有的数据。

Shopperception在产品零售区上方的天花板上安装了内置PrimeSense立体感应器的面板。传感器能够看到每位顾客查看了哪些产品，在哪里停留，把哪些产品放进了购物车以及完成以上动作所花的时间。

传感器会对顾客的身份进行模糊化处理。摄像头可以辨别顾客的性别，但不会获取他们的身份信息。Shopperception的联合创始人阿里尔·迪·斯特凡诺强调说：“我们的政策就是永远尊重个人隐私。”

据斯特凡诺介绍，该理念将使百年来一直使用的获取数据的原始方法变得现代化。传统上，店员大多通过站在店门口招揽顾客和使用写字夹板来收集数据。

Shopperception使零售商能更多地了解顾客。录像功能并不记录任何个体顾客的行为，传感器所提供的颗粒化图像会显示顾客作为群体在做什么，从而使商店对顾客有深入而广泛的了解，这是以前所无法实现的。多数顾客会站在哪里查看谷物产品的货架？他们的手伸向哪里？什么产品会吸引他们的注意力？他们第一次拿起一件产品就会买下来的概率有多大？什么动机会导致顾客改变主意？

在过去的日子里，商店的店主可以通过观察最忠实顾客的购买习惯来调整库存和货架位置。但对大品牌来说，它们在多个国家的零售区域可能达到数百万平方英尺而且销售产品的数量惊人，要弄清顾客触碰商品时会发生什么，是一件令人望而生畏的工作。

所收集的数据有助于商店了解客户的行为，从而可以更好地预测可能的行为变化所带来的影响。零售商可以完全理解店铺每一英尺的价值以及位置和布局对客户行为的影响。

通过增强版的"忠诚计划"，Shopperception就使全球最大零售商做到了上述这点——运用场景技术得知最忠实顾客于何时到达商店。基于该顾客此前的购买习惯和购物路线，沃尔玛会为他经常购买或认为他有可能购买的产品提供特价优惠。

比如说，如果顾客拿起了一件产品或者只是看着一件产品，安装在货架上的iPad屏幕就会显示相关产品或者同类竞争产品的促销信息。如想获得这一优惠，顾客所要做的就是把该产品放入购物车，作为该系统的一部分，收银机会在结账台调整价格。

我们认为，"忠诚计划"会在场景时代呈现新的局面。此外，这种激励项目可以满足顾客保护隐私的愿望。人们将会明白当他们选择加入此项目时，其实是在用个人数据换取更多的优惠或者更短的排队时间。

但有些人可能不想这样做。如果他们不希望沃尔玛知晓他们的名字的话，则可以选择退出来保留他们的隐私，但这样做他们就不得不以全价来购买产品。

想要关注你并收集你的购物数据的场景公司绝不止Shopperception一家。据在线刊物Verge报道，位于纽约的IMRSV公司出品了一款名为Cara的基于传感器的数据收集摄影机，以每台每月40美元的租金租借给零售商。Cara相机可以从25英尺外判断人的年龄、性别和当时的心情。位于曼哈顿第五大道的锐步商店已经采用了该技术。

该店用它来收集消费者观看或者接触产品展示墙时的数据，以设法更好地了解客户。供应商表示希望在全球每台收音机、每幅广告以及每个零售展台都能架设一台Cara相机。

此前Facebook的列辛曾天真地提到这些都应该是店主或酒保所做的事，这被称为“了解你的客户”，大部分人也喜欢这种形式。现在，无须有人望着你，知道你的饮酒喜好，问你工作进展如何，因为传感器和数据把这些事都做了。

如此看来，人们很容易像列辛那样向往过去那简单的时光，但零售业再也回不到过去了。人际关系无法上升到全球层面，而且在多数人完全适应即将到来的场景时代前还有很长的路要走。最有可能享受场景所带来利益的是那些最忠实客户。每当新技术到来时，都会有一部分人决定不参与其中，比如有人选择不学习驾驶车辆或飞机。这使我们想起一个诉讼案件，就在不到十年前，有位教师曾禁止学生使用谷歌搜索来替代去图书馆查资料，因为他认为网上搜索就是作弊。

冰激凌激励策略

就零售而言，店主们早就知晓如何用奖励手段来留住顾客。

马克·安德森的风险企业安德森·霍洛维茨基金比其他大多数早期公司

更注重对场景技术的投资。该机构发现了最佳的线上及线下零售策略并称之为“免费冰激凌”。

即使你改善了早期技术，那也是市场营销观念使你赢得了消费者。马克·安德森解释说，你所要做的就是提供如冰激凌那样令人无法抵抗的产品。好的产品会让消费者告诉他们的朋友，这些朋友便会尝试体验该产品进而告诉其他朋友，以此类推。

事实上，安德森是“免费冰激凌”策略的先驱。作为20世纪90年代中期的年轻创业者，他建立了网景公司并推出了首款大众网络浏览器。为了鼓励人们每天都使用它，他免费提供网景浏览器。一旦该浏览器拥有了大量终端用户，网景便向那些希望访问早期网络浏览者的公司收取费用。

后来有很多公司效仿这一做法并取得成功，比如谷歌、Twitter、Facebook、LinkedIn和YouTube。场景忠诚计划是安德森的另一个“免费冰激凌”策略，因为它为球迷、游乐场游客以及爱喝酒的人创造了适时体验。场景版的“免费冰激凌”有很多口味也在很多地方有售。

对于“免费冰激凌”的持有者来说，最尴尬的就是所掌管的昂贵产品并不免费。当然，我们指的是家庭轿车。

AGE OF CONTEXT

第4章

场景之路

如果通用汽车能够像计算机产业那样跟上技术进步的话，

我们就都能开上售价25美元而且每加仑汽油能行使

1000英里的汽车了。

——匿名（常被误认为是比尔·盖茨所说）

2005年，时任通用汽车副总裁的鲍勃·鲁茨成了行政级别最高的博主。他求助于新媒体向传统媒体宣战。2008年《快公司》记者谢尔·伊斯雷尔对他进行了采访，鲁茨说他决定采取一个在当时看来比较激进的措施。因为他“觉得通用汽车是媒体偏见的受害者”，他想通过一个平台来和那些购买汽车的公众直接对话。

鲁茨定期在通用汽车的官方“快车道”博客上发表博文，时常会讨论汽车制造商的案例。“毫无疑问这颠覆了此前媒体对通用汽车的报道。”鲁茨说。

这个故事在当时颇有影响，但是回头想想，它仅仅说明具有个人魅力的鲁茨对2005年最先进的沟通工具加以了充分利用而已。想想看新技术比如传感器、大数据、定位系统和移动设备是如何改变汽车高管的世界的，更不用说对整个汽车工业的改变了。

2013年2月，经常出入白宫进行采访的《纽约时报》知名记者约翰·布罗德试驾特斯拉S型汽车（一款优雅的电动轿车）从华盛顿特区到新英格兰。他本计划在波士顿完成他的试驾，然而汽车却很不争气地在康涅狄格州因电力耗尽而抛锚了，只得被拖车拖走。布罗德给这辆车拍了照并在《纽约时报》的评论中报道了这一糟糕的经历。

和鲁茨一样，特斯拉的创始人兼首席执行官埃隆·马斯克选择用博客讲述他的故事。如果说鲁茨在写博客时是依靠他自己的公信力和说服力的话，那么马斯克则依赖于一个可靠的目击者来见证发生在布罗德和特斯拉汽车之间的一切。和如今大部分豪华车一样，特斯拉汽车依靠一种鲜为人知的名为“行车记录仪”的装置来收集并存储行车时的一切信息。

行车记录仪类似于飞机上的黑匣子。“免费冰激凌”策略使这一装置开始普及。前进保险公司会为安装此设备的用户提供保险优惠，但前提是用户必须允许该公司访问这些数据。全国公路安全委员会正在进行游说要求新车标配该设备。但多数人似乎都不知道该设备的存在。

虽然这一问题还没有得到法庭裁决，但法律共识基本倾向于警方可以像调取通话记录那样调取车辆行车记录。行车记录仪可以证明嫌疑车辆是否与银行劫案监控录像上所出现的车辆一致。

马斯克将布罗德所驾驶的特斯拉汽车的行车记录作为法庭证据。记录仪的数据与布罗德所报道的情况有很大出入。因此马斯克指责布罗德“没有真实地反映特斯拉的技术”而且“是布罗德的野蛮操作迫使汽车停止运行”。

《纽约时报》负责监督新闻伦理的编辑玛格丽特·沙利文认为布罗德的言论“在准确性和判断力上存在问题”。

“如今的汽车与五年前相比完全不同，” K. 文卡特斯赫·普拉萨德表示，他是福特开放式创新部门的高级技术主管，同时也是福特技术咨询委员会的成员，“现在的汽车具备认知功能。”

尽管很多人还没有意识到这一点，但是现在汽车和智能手机一样都是场景工具，只不过个头比较大而已。

现在的汽车不仅可以为自己辩护以讨还公道，还可以保护乘客远离危险和麻烦，更可以提供通信和娱乐服务。从布罗德的案例中可以看出，如今的汽车不仅可以记录行驶数据，还可以理解经常驾驶车辆的驾驶员的行为。

汽车变得更加人性化。随着时间的推移它们可以更好地了解你。它们不仅会自动调节座椅位置和反光镜，很快还会知晓你对音乐、加油站、用餐地点和酒店的喜好。根据时间的不同，车辆还知道你常走的路线。知道你何时回家，能提醒你在超市停车买个甜点回家在晚餐时享用。

更有意义的是，在不久的将来车辆之间可以进行交流从而避免碰撞。传感器可以检测你是否过度饮酒并建议你不要开车，甚至会阻止你操纵车辆。未来的汽车还可以在司机睡着的情况下自动开回家。有些车辆还有防盗功能，也可禁止某些特定家庭成员来驾驶。

驾驶伙伴

我们同很多汽车从业人员交换了意见，包括来自丰田、奥迪、梅赛德斯、福特、通用、大众、雷克萨斯和特斯拉的授权代表。他们都希望汽车产业能够驶上这条场景公路。他们不仅接受场景五力，并投入巨资研发场景汽车。新款汽车不论高档低档都将配备各种场景功能。

这些改变的原因既包括安全因素也包括年轻一代变化的生活方式。在年轻人心里，如果他们需要汽车的话，那么车就要与手机和穿戴设备相结合。

在我们目光所及之处都可以看到传感器，而且相信在许多情况下，传感器也看到了我们。永井真澄是丰田北美电动汽车集团副总裁。他介绍每部丰田车平均配有大约200个传感器，而且他预测这一数字还将不断增加。“传感器使汽车变得更智能更安全。”永井说。

传感器如今在汽车性能和安全的各个方面都发挥着作用。比如会提醒用户胎压过低或者需要保养；当盲区有物体时，有些车会发出警报；传感器可以感测风挡玻璃的雨水并启动雨刷器至适当速度。有的具有自动泊车功能，有的会在驾驶员偏离车道时报警。

毫无疑问传感器会挽救很多人的性命。传感器使现代场景汽车变得足够智能甚至可以在司机发现变化前就做出反应——这些变化可能微不足道，也可能是性命攸关的。它们能够判断横穿车辆前方的物体是个猛跑的孩子还是个拐弯的车辆。

预防碰撞

谷歌高级副总裁维克·冈多特拉深深意识到传感器能够洞察车身周围的能力是可以挽救生命的。2011年1月一个寒冷的清晨，他驾驶着2010款奔驰S级轿车以每小时45英里的速度行驶，他借梅赛德斯视频广告里的话来形容当时的情况：“我可以瞬间拐弯，眼前道路延伸没有任何阻挡。”

但这时冈多特拉听到了几次轻微的哔哔声，紧接着他的奔驰车就替他进行了制动并将车完全停了下来，此时距离前车的保险杠仅有几英尺的距离。所幸冈多特拉和前车的乘客都毫发无损。他说，车辆的反应能力比他快多了。

大部分新款豪华车具有类似的先进功能。在历史上，当技术产生革新时，价格便会下降。我们认为防碰撞系统作为汽车的标配产品仅仅是个时间问题。在某些地区，政府可能会要求车辆标配该系统，或者保险公司会奖励那些车上配有该系统的车主。

斯考伯的两辆汽车——2010款丰田普锐斯和2011款西耶那都配有前置相位检测雷达。他表示以后买车都要配备该技术。同样，他也相信这些设备能帮他远离危险。传感器不仅比司机反应快，而且可以智斗小偷。

落水劫匪

对于偷车贼来说，没有什么比一辆停在路边或者停车场附近的全新特斯拉汽车更诱人的了。这些人可以通过车窗槽撬开车锁，其中的高手更可以直接撬开门把手。

然而特斯拉既没有门把手也没有门锁可以撬。该车辆在驾驶员一侧的车门处装有一个传感器，可以监测谁在靠近车辆并识别是否为该车的司机。如果是该车司机的话，车的门闩会像有些车辆的头灯那样弹出。如果你不在该车的驾驶员名单上的话，车门是不会被打开的，除非你用焊枪把车锁焊化，不过那将会触动感温探测警报。

尽管不是所有车都能像特斯拉那样万无一失，但所有新款高端轿车都配有先进的防盗系统。如果一辆车被偷窃，或者被一个未授权的家庭成员借走，该车都可以通过发Twitter或短信告诉你它所在的位置，车主或服务商就可以报告给警方。

有时，车辆可以把危险的劫车犯要得团团转。2009年加州维萨利亚发生过一起案件，何塞·鲁伊斯当时坐在他的雪佛兰Tahoe SUV里和一个朋友聊天。突然，一个手持短猎枪的男子走了过来，索要值钱的东西和SUV的钥匙。

鲁伊斯并没有反抗，因为他知道一件事而这个劫匪却不知道：他的汽车配有通用汽车的安吉星系统——所有汽车远距离通信服务的鼻祖。2009款Tahoe是首款配有被盗车辆减速功能的车辆。

抢劫犯驾车离去后，当地安吉星系统操作员收到了车辆所发出的信号并报警。警方很快便发现了被盗汽车并紧追不舍，几秒钟后被盗车辆便迅速减速。

由于安吉星系统操作员远程锁死了Tahoe的油门，在操作员接到通知的16分钟后，这辆SUV便减速并停了下来。劫匪只得弃车逃跑，结果掉进了一个泳池里，警方将他捞了上来并戴上了手铐。

安吉星是由通用汽车、电子数据系统（美国软件数据服务公司）和休斯电子公司于1995年合作创立的。它的首个客户就是通用汽车，该服务应用在1996款的高端凯迪拉克轿车上。由于汽车制造商和消费者都很青睐安吉星，通用汽车便将它买了下来，成了通用汽车的子公司。

该系统每年都会得到进一步完善。2013年，它首次推出了通过仪表板屏幕进行视频聊天的功能。有超过600万的用户进行了订阅并支付了月租费。目前，通用汽车的所有车辆都配有该服务，并批准大众、讴歌和奥迪等公司使用。当然，价格每年都在降低。

安吉星配有很多传感器，而且很多功能最终都被其他公司模仿了。它最先引入了免提语音控制技术来接听电话。它首创了很多安全设备并可检测到发生碰撞时安全气囊是否弹出。接着它会查看驾驶员是否清醒。如果驾驶员昏迷，它会自动报警，并通过全球定位系统报告所处的精确位置。

传感器同样能够帮助司机发现他们在驾驶中的问题。通用正在进行一项试验即用立体传感器检测司机是否在打瞌睡。

未来车辆也许可以与个人腕带监控设备相连接来测量包括心跳、体温和汗液在内的健康指数。如果你身体不适，车辆会与你的智能手机联网，并利用这些复合信息计算出你在哪里能够得到帮助。

其他可穿戴设备配有传感器，可以监控血糖和酒精指标。当与车辆相连时，设备可以禁止车辆启动，除非糖尿病患者吃了个苹果或者喝过酒的人完全清醒。

我们采访过的汽车从业人员最初把注意力都集中于运用场景技术来提高车辆的安保系数。从实用主义的角度来看，汽车制造商深知如果新技术可以保证人身和财产安全的话，人们将以最快的速度接纳它。

云汽车

在不久的将来，连接上网络的汽车会记住很多路线。这需要车辆能够自动收集并存储海量数据，而且是在司机不知情或者未发出允许指令的情况下。

汽车制造商正在与诸如Rackspace和微软Azure等云存储机构形成数据存储联盟。雷克萨斯计划建立一个全球数据中心。简言之，汽车制造商正计划将数据永久储存在云数据中，数据量之大超乎你的想象。

数据收集对于终端用户来说不无裨益。你的家用轿车不仅知道何时加油，更知晓你的偏好、行为模式乃至怪癖。无须任何用户输入，车辆会根据情况来调节座椅、反光镜、车内温度、音乐和音量大小。

如果你把车借给朋友，你可以给汽车下达指令，对客人进行授权并设定各种限制，比如最远行驶距离以及最高限速，车辆必须于何时送还，否则就会熄火。

福特推出了一款名为MyKey的移动应用程序帮助家长远程控制开车的孩子。该程序通过提醒青少年系紧安全带、限定音量大小和最高时速来提升车辆安全性。我们得知未来版本的MyKey将会像安吉星制动被盗车辆那样对受控车辆进行减速。如果驾驶员驶离了指定区域或者违反宵禁驾车的话，车辆都会被锁死。

但在这些便利背后却潜藏着很多复杂且目前看来暂时难以解决的问题。

保险：保险公司会不会根据年度数据记录给守法司机的保费打折同时对不守法司机的保费定价更高？革新主义者利用“免费冰激凌”策略实现了这一点，但这能够成为对所有驾驶员的要求吗？用更多的隐私来换取更好的安全感，这样做值得吗？这该由谁来决定，驾驶员、保险公司还是政府监管机构？

法律实施：场景时代最令人不安的问题之一就是所收集数据的所有权归谁？随之而来的问题就是包括执法人员在内，谁有权使用这些数据？

比如说老生常谈的超速问题吧。2013年1月，永远保持在线的斯考伯在开车时使用了Glympse——一款允许他人看到你所在位置的场景应用程序。斯考伯的一位粉丝远程拍下了一张含有仪表盘内容的照片，上面显示的速度为99英里/小时。那么警方能用这张照片来传唤他吗？他们应该这么做吗？

民事诉讼：比如一件由于夫妻间不忠而提起的离婚诉讼，受害方能够要求查看配偶在特定时间的停车定位记录吗？

转售：买方能够要求查看关于卖方此前是规范驾驶还是滥用车辆吗？对于一个准买家来说，知道车辆以前的行驶状况比只知道它的行驶里程要有用得多。

税务官员：在对一位驾驶员的旅行和招待费进行审查的过程中，美国国税局有权要求查看他行车记录仪的数据记录吗？

非自愿审查：2013年3月，雅虎汽车报道一些联邦官员希望像在飞机上安装黑匣子记录飞行数据一样，在车辆上安装行车记录仪以记录事故数据。

金门大桥已经取消了所有人工收费站。取而代之的是，要求过桥的司机在风挡玻璃上安装一个名为FastTrak的传感器盒子，每当车辆经过收费站的时候都会自动从已注册的信用卡上扣除相应的费用。

为了惩罚违法者，自动收费站会拍下车辆牌照。违法者会收到电子邮件通告，并可以在网上补交通行费。事实上，目前还没有对FastTrak的公众争论，虽然它足以证明在特定的时间和地点出现了特定的车辆。那么用这些数据来作为不在场证明或者进行起诉是否有效呢？

回避这些不断发展的复杂问题很可能导致个人隐私与公共安全的冲突。二者只能取其一。我们无意猜测这些问题最终会如何解决，但可以肯定的是这个解决方案会和同类问题一样需要时间、广泛的辩论和妥协。

各州就摩托车和自行车头盔法案的辩论持续了将近50年。目前，仍然有21个州不要求骑行时佩戴保护设备。

威斯康星州于1961年最早通过了行车时佩戴安全带的法案，目前有49个州通过了该法案，唯独新罕布什尔州是个例外。也许正如同该州以死亡为主题的座右铭一样，“不自由，毋宁死”烙印在该州所有的车辆牌照上。

以手机为中枢

对于汽车制造商来说，一个最残酷的现实就是有一种意见认为是手机而非汽车本身有可能成为驾驶员场景网络的中枢。

有些汽车厂商正试图将车辆打造成每位驾驶员的技术中枢。有些则计划建立应用程序商店来出售经授权的第三方技术，从而建立一个赚钱的副业。该理念指的是一旦驾驶员进入汽车就可以为手机下载新应用程序和更新。几家汽车厂商已经开始为那些陷入3G网络窘境的驾驶员提供4G Wi-Fi网络。

一些厂商对此解释说，毕竟人的一生有十分之一的时间是在车中度过的，而且从更大型的设备上下载数据会更简单。

在我们看来这种以汽车为中枢的模式并不是个好主意。我们几乎每时每刻都离不开手机而且大多数人早已习惯于用手机进行下载。如果再有第二个数据中枢会给他们的生活带来不必要的麻烦和潜在的不兼容问题，我们认为比较好的方法是让汽车本身对操作系统一无所知，但能让乘客使用随身携带的移动设备中的程序。

例如：进入汽车时，手机中所播放的音乐将自动转至汽车音响播放；谷歌日历已经知道你要去哪儿并会自动把这些信息传达给汽车的导航系统；或许谷歌地图将从手机屏幕跳转到仪表板屏幕显示，这样既可以减少手机的电池消耗，同时使用起来也更加方便安全。这同样也适用于其他移动应用程序。

汽车网络传播系统需要和所有乘客的个人技术相兼容，否则汽车厂商将会以成为数据孤岛而告终。如果我们不得不在手机和车辆中输入和存储重复的数据，那就意味着效率低下且多余。

手机之所以是较理想的数据中枢的另一个原因在于，每个用户可以选择一款操作系统在各处使用。2010年，谢尔·伊斯雷尔和保拉·伊斯雷尔试驾2011款福特Escape混合动力车。该车配有一款涉及语音命令、导航和温度控制的自动同步系统，从而将旅途变得更加安全且令人愉快。

这一系统还不错，只可惜它只支持Windows系统，而伊斯雷尔夫妇只熟悉苹果设备。尽管手机可以与该系统兼容，但用起来感觉还是像Windows操作系统——一款他们已经多年不用的系统。旅途中他们不得不好几次停下车来研究如何操作导航系统甚至连如何使用收音机都需要琢磨一番。他们更喜欢将苹果软件从手机无缝转移到汽车上，这样不会对操作系统产生任何陌生感。

在我们看来，智能手机和操作系统的兼容问题应该由用户来选择。然而，关键问题在于实施的速度。汽车制造商需要花费八年，最快也要三年的时间把一辆新车从概念转化为实体。而制作一款手机应用程序的时间仅为八个月。

所以没准当你下次购车时，汽车制造商还没能解决这个难题。多数人在购车时可能不会去考虑这个问题，但在购买之后这将对他们的日常驾车体验产生极大影响。

个性化汽车

好消息是很多主要生产商正在放弃“以车辆为中枢”的策略并认同将手

机作为场景网络的中枢。至少我们从福特、通用、奥迪和丰田的代表那里是这样听说的。

从长远来看，福特正在考虑只制造豪华、中级和经济三种基本车型的可能性。每一款车都没有任何配件，用户根据他们的需求来选择配件。讽刺的是，这种新方案所销售的汽车会和20世纪50年代所销售的汽车没什么两样。

福特员工普拉萨德拥护这一理念，但他的想法并不守旧。他着眼于其他技术硬件设备。“苹果生产100万台同样配置的iPad会卖给100万个消费者。但不到一小时每个人的iPad就都会变得充满个性、与众不同。我们希望将来福特也可以做到这样。”他说。

当然，在很大程度上iPad是依靠软件来实现个性化的产品，这也同样适用于场景汽车。现在，为车内使用而设计的软件数量正在增长。

例如，Twist软件知道你的位置、要去哪里以及旅途中的路况。当你全神贯注地在路上行驶时，它会为你安排好下次约会。我们之前提到的Glympse软件同样会把你的位置与他人分享，也没准会在超速的时候“出卖”你。GasBuddy.com则能帮你找到附近最便宜的加油站。

Nooly Micro Weather程序提供相当精准的局部地区天气，它可以预测未来15分钟方圆0.4英里内的天气情况，因此你可以做好准备迎接下一个山路弯道附近的雾区。在我们撰写本书时，相关的手机应用程序已经上线，开发者正在与福特和丰田合作致力于将该软件直接安装到汽车上。这款综合汽车程序将通知车辆在天气变化前打开雾灯或者除冰装置。

Waze应用程序允许驾驶员分享实时更新的路况。到2013年5月该程序已拥有将近五千万的用户，它或许是全世界最活跃的由用户生成的道路数据。

谷歌于2013年夏天以不到10亿美元的价格收购了该公司。

在2012年10月飓风“桑迪”袭击了美国东北部地区后，新泽西州北部的汽车驾驶员感到很无助，因为当地的加油站时开时关。联邦应急管理局便向Waze求援。该公司借助位于新泽西的网络社区将正在营业的加油站信息进行分享，从而显著缓解了由飓风所带来的一大难题。

宁舍汽车，不舍手机

汽车制造商之所以承认手机作为场景世界核心载体的一个最重要的原因在于手机是未来客户生活的中心。

《纽约时报》报道说，美国青少年更希望拥有一款智能手机而不是一辆汽车。在我们所考察过的各个地方都能证实这一潮流，而且我们认为在未来几年及几十年内，人们都会这么想。

1978年，全美16岁孩子中有92%的人拥有驾照或正在学车，这一数字在2008年仅为77%。更有意思的是，即使有些孩子有车，他们开车的频率也有所下降。美国交通部的报告显示，30岁以下的司机每年的驾驶里程与十年前的同龄人相比下降了10%。

相比之下，年轻人把更多的时间用在了手机上。崛起的新一代认为手机就是他们的个人电脑。与此同时，没有汽车也显得很酷。

福特并不打算像以前的汽车制造商那样以昂贵的营销活动来扭转这一局面。取而代之的是，福特正在处理“技术民主化”，并通过投资Zipcar和TechShop来效仿未来的消费者。Zipcar是一家都市驾乘分享服务商，

TechShop为都市创业者提供先进的技术来发展新型城市商业。

盲点

汽车工业对场景技术及其对未来汽车重要性的理解使我们印象深刻，但同时我们失望地发现没有一家汽车制造商考虑到诸如谷歌眼镜等数码眼镜会带来的影响。

在我们看来，一台能够理解驾驶员且可以通过驾驶员视野进行观察的计算机大有前途。可以与声音、眨眼、轻击和手势互动的设备看起来更加安全直观，或许可以减少为数众多的开车用手机的人，这些人的行为既违法又忽视安全常识。

然而，我们没有发现一家汽车制造商对飞速发展的数码眼镜现象表现出兴趣或热情。

在这一点上丰田是最接近的，他们正在试验将仪表盘数据显示在风挡玻璃上，这样司机就不用向下看行驶数据了。

我们认为，新的可穿戴设备是一个即将到来的能够提高注意力的解决方案。售价也要比风挡玻璃显示技术便宜得多。更多有用的移动应用程序将可供随处使用，而风挡玻璃仪表盘很明显只能在车内使用。软件的更新也更加简便，而且维修起来也方便得多。

有关管理和采用的问题也许是自汽车问世以来最重大且最具争议的变化。

当然，我们指的是无人驾驶汽车。

AGE OF CONTEXT

第5章
奇幻驾驶

即使是由不那么先进的电脑来操控的无人驾驶汽车也比人的驾驶技术高明，因为人类的驾驶技术实在不敢恭维。

——马克·安德森（投资人）

设想一下：在不远的将来你来到了一座大城市，通过手机应用程序从Uber租了一辆汽车，没过多久一辆漂亮的高档轿车便出现在你面前。

你坐上后座，但不用告诉驾驶员你要去哪儿。只有系好安全带车辆才能启动。接着，无人操控的城市交通会把你安全送到目的地。你下车时也无须交钱，因为付费已自动在网上完成。

即使像罗伯特·斯考伯这样的新技术的传奇拥趸也被这种场景吓到了。但在未来的5到50年，这一现象将司空见惯。

一旦人们克服了这种不适，他们将会发现无人驾驶汽车其实比有人所驾驶的汽车更加安全。它们更节能且遵守道路规则。“驾驶员”既不会做白日梦，也不会和其他车辆飙车，更不会因为上一个乘客没给小费而表现出路怒症。

既然不用开车了，人们便可以做点别的，刷刷社交网络、打个盹或者看个电影。以前驾驶车辆占用了人们大量的时间，当无人驾驶汽车的安全性可以和火车相媲美时，人们就可以用所释放出来的大量时间做任何想做的事。

或许人们还没准备好接受这项技术，但它已经出现了。别担心，在你或你的子孙后代开始使用无人驾驶汽车前，这一进程还将受到政府部门、技术经济学、律师以及其他耗费时间的因素的影响而减缓发展速度。

一言难尽

在2013年的消费电子展上，数以千计的参观者观看了奥迪和雷克萨斯无人驾驶概念车的展示短片。有些评论认为，这些车型似乎很快就会批量生产。但我们认为这个问题要复杂得多。

早在此次电子展之前，加州北部的许多司机已经有所目睹：当他们在公路上行驶时，会看到一些车辆的车顶上安装着很多正在运转的设备。这些车辆通常以最高车速行驶且搭载着乘客。这一切都看似正常——除了没有司机。

这些都是谷歌不断增加的自动驾驶试验车辆，都配备了短程雷达、激光束以及动态立体传感器。该技术允许车辆辨识车身周围的物体并对该如何处理做出判断。

车顶的旋转装置包含一款名为激光雷达（激光成像探测和测距）的新技术。作为雷达技术的近亲，激光雷达由至少两家公司——Aerometric和Velodyne研发而成。激光雷达利用光学传感器和激光束为行驶在路上的试验车辆探测周边的一切，比如车道标记线、指示牌、行人和其他车辆。

谷歌、奥迪、大众和雷克萨斯都在测试激光雷达设备，我们猜测其他汽车厂商也在这样做。目前，激光雷达是自动驾驶的一大秘诀，其他技术也正在研发之中。

价格和技术当然事关重大，但安全问题是最关键的。这些自动驾驶车辆正在证明自身的安全性。据谷歌报道，2013年初其自动驾驶车辆已经在公路上行驶超过50万英里，其中仅有一次轻微的剐蹭。

为了证明或者加大力度宣传激光雷达系统的安全性，谷歌邀请了来自加州摩根山丘的史蒂夫·马汉作为首位消费者试乘谷歌汽车。

这辆车低速行驶在事先由当地警方隔离出来的街区上。在这个受控环境中，车辆完美地运转将马汉载至当地的Taco Bell餐厅，并轻松地倒入了纵向停车位。之后车辆又带他去洗衣店取回洗好的衣服然后载他回家。

马汉坐在驾驶员位置上，但是他并没有开车，这其实并不安全。马汉实际上是个盲人，对他来说这款车没什么怪异的地方。他希望能尽快拥有一台，并对一位新闻记者说这种车“将改变我的生活”。

我们推测这一观点同样适用于美国其他2500万成年盲人，更不用说全世界那些由于残疾而无法驾车的人。马汉所代表的人群对自动驾驶汽车有着迫切的需求。他们将会最早接纳这一技术。当残疾人士能够使用无人驾驶汽车时，包括斯考伯在内的其他人对此车的怪异感觉将有所减少。

然而，这并不意味着激光雷达迎来了黄金时代。该设备似乎只有在良好的天气条件下才能正常运转，这或许解释了为什么大多数测试都是在内华达州和加州进行的。但是人们所需要的是能够适应各种天气状况的车辆。

激光雷达由一个易碎的玻璃罩保护着，很容易被小石子或者其他碎片所损坏。该技术遇到雪雾天气会失效，而且还无法检测道路上的冰雪。

2013年激光雷达装置的售价为7万美元，比前一年便宜了大约5000美元。由于有两家公司制造类似的产品，我们本以为价格很快会降下来。此外，激光雷达装置只是谷歌自动驾驶设备中的一小部分。我们得知这套试验装置如果现在上市的话售价将达到50万美元，这还不包含汽车的售价。我们并没有询问总量折扣。

无人驾驶和小心尝试

另一批潜在的早期采用者或许更具商业利益——商业卡车车队业主，因为他们可以在相对较短的时间内收回数十万美元的投资。

目前很多重型卡车都配备两名24小时倒班的司机。采用自动驾驶技术的卡车公司将会裁员。人们最初看到自动驾驶的大卡车也许会感到惊惶，但迟早会认识到它在安全、经济和环保方面的优势。

如果大型卡车公司最先采用该技术，那么小型卡车运营商比如联邦快递、家具搬运公司和比萨厢式送货车都会效仿。这将刺激价格进一步下调，或许最终成为豪华车的一个选配装置。

这些都会化解公众对自动驾驶车辆的不安之感。毕竟如果它的安全性可以保障18轮大卡车连续行驶数千英里的话，那么该技术足以驱动一辆家用沃尔沃轿车载着孩子们去参加足球比赛。

与此同时，汽车工业将谨慎前行，如同本书第三章里谷歌的纳拉亚南所提到的那样，通过小心的尝试使技术走上正轨并使人们做好准备去接受它。

自动泊车就是这样一种小心的尝试。2013年奥迪的一部YouTube短片展示了即将实现的自动泊车功能。不知何故它使我们想起了老西部片里的场景——只要牛仔吹下口哨，他的马儿便会跑过来。

奥迪短片中的主人公不是牛仔而是一位女商人，她所用的也不是哨子而是一款移动应用程序。她下车掏出手机并命令她的奥迪车停进车库里。观众们看到无人驾驶汽车缓慢地开上车库坡道，找到一个合适的角度倒进了车库。

然后她用同样的程序让车从车库开了出来。在等待的时候，她看到车辆向她靠近。通过手机上的位置传感器，车辆能感知车主的位置。

安妮·利恩是一位独立自动驾驶顾问。她曾经在位于加州门洛帕克的大众集团电子研究实验室担任项目经理，负责奥迪、宾利、布加迪、兰博基尼、保时捷和大众品牌概念车的产品和营销。在无人驾驶实验车型的研发过程中，她起到了关键作用。

利恩更喜欢将无人驾驶汽车称为自动汽车，她解释说："除了完成一些有限的低速度任务比如自动泊车以外，车辆要想在没有驾驶员的情况下完全实现自我运转还需要很长时间。"

不管如何称呼，那都是具有自动驾驶能力的车辆，我们并不觉得换个说法就会减少它古怪的一面。

利恩预测第一款面向公众的自动汽车大概会在2025年到2030年上市，而且价格不菲。她猜测，需要到2050年才会被普遍接受，这距离2013年就出现的潜在需求大约有40年的时间。

我们本来对自动驾驶汽车可以更快出现充满希望，但利恩列出的诸多问题使我们感到沮丧。从概念产品展示转化成在公路上常见的一分子需要"许多增量步骤"，如技术提高、用户验收和成本，以及包括立法、责任和混合使用道路等在内的制度调整。

利恩预测自动驾驶汽车将首先出现在“城市里，因为该技术更容易理解城市地形和交通模式，而且行车速度不会太高”。

从整个产业来看，一些车辆已经具备了适应城市环境的功能：自动泊车功能通过传感器在即将撞上障碍物的紧要关头进行制动，避免剐蹭或撞坏保险杠；防拥堵辅助设备能够识别当前模式并为司机调整行车线路，从而降低油耗。

其他车辆制造商或对利恩的见解随声附和，或对我们的问题置之不理。一位雷克萨斯的代表告诉我们，自动汽车“只是个概念而已，我们没有推出的计划”。这使我们好奇为何该公司会斥巨资在消费电子展上进行展示。

福特社交媒体的负责人斯科特·蒙蒂认为“消费者还是更喜欢由自己来驾驶汽车”。蒙蒂的话也许有道理。我们注意到很多司机从不使用已经较为普及的巡航定速功能，他们又为何会选择使用无人驾驶功能呢?

答案是多数人只有眼见为实才知道自己想要什么。我们相信当这样的车辆上市并变得更加安全耐用时，“能够将驾驶时间用来做其他事情”这一理念对于许多人来说将极具吸引力。

汽车工业正在向自动汽车发展。为了撰写本章我们走访了很多地方，我们的所见所闻都证明汽车逐步能够按照司机的习惯做出决定。很多车都已配备了传感器，一旦检测到雨水，雨刷器便会开启。有些车则可以与其他车辆自动收发信息。丰田告诉我们车辆可以与信号灯进行交流以避免拥堵和路口碰撞事故。

有些专家则更加乐观，认为无人驾驶汽车可以很快出现在我们周围的汽车产品展示厅内。通用汽车前副总裁鲍勃·鲁茨预测无人驾驶汽车将会在20年后推广开来。

我们认为差不多十年后配有该技术的车辆就会变得更加成熟且价格更加实惠。在我们撰写本章节的时候，我们的朋友——《纽约时报》科技记者约翰·马尔可夫或许见证了一项科技突破：他坐在一辆无人驾驶且没有配备激光雷达的奥迪A7轿车里，以65英里/小时的速度驰骋在以色列的一条高速公路上。

该车配备有名为Mobileye的视觉技术系统，该系统由荷兰的一家新兴公司研发，与激光雷达系统相比可以大幅降低成本。

与此同时，特斯拉汽车的马斯克认为："谷歌目前的系统太贵了，不如采用光学系统通过观察物体来判断发生了什么。"马斯克与谷歌创始人有着长久的投资关系和友谊。

然而截至目前，光学系统只能于白天在平坦的高速公路而不是城市街道上运行。至于需要多久才能在全路况条件下安全使用尚无答案。但我们打赌会有创业者和合适的机遇来加速其市场化的进程。

制度障碍

就像安吉星防盗功能可以防范偷车贼那样，政府法规和责任分配同样可以决定无人驾驶汽车的发展速度。

历史证明政府官员通常不会以人之常情和公共安全为发展动力。比如我们之前所提到的，50多年过去了，有些州还在就安全带和头盔问题进行争论。

这一过程可以被提速吗？科技进步将各行各业联系到一起：保险公司希

望看到责任从驾驶员转移至汽车制造商；律师也希望如此，这样有机会获得更多的胜诉费；联邦机构也会支持加快管控过程。美国交通部已表示支持自动驾驶，环境保护署也会因自动驾驶汽车能够降低污染而表示支持。

这些都给我们以希望。或许新罕布什尔州会把该州的座右铭从“不自由，毋宁死”改成“解放双手，自在生活”。

那么既然会增加自己的责任，为何所有的主要汽车厂商都要斥巨资和花时间来研发无人驾驶汽车呢？

大众公司的利恩提出了两条理由：“第一，我们之所以这样做是因为我们有能力这样做。工程师们看到了可能性，他们就必须去进行尝试。无法停下前进的脚步是他们的本性。第二，如果我们公司不去研发自动驾驶技术，别的公司也会这样做。没有一家汽车制造公司愿意落后于人。”还有一个原因就是由于自动驾驶仪表现得更加高效，因此汽车制造商更容易遵守环境法规。

那些认为无人驾驶汽车需要50年才能普及的人想当然地认为事物会以现在的速度发展，而忽视了技术开发通常会以不可预测的速度发展。我们相信政府有义务制定确保公共安全的规章，无论是头盔、安全带还是自动驾驶技术。问题在于技术创新要比监管机构的发展快得多。监督管理上的空白则容易造成伤亡。

有趣的是，有证据显示下一代人在出行方式上可能会分成两个群体：选择无人驾驶汽车的人和干脆不要车的人。后一个群体的人数和影响力都将不断增长。

我们称之为新都市主义者。

AGE OF CONTEXT

第6章

新都市主义者

我们决定在这十年间登月并完成其他的事，

不是因为它们轻而易举，

而是因为它们困难重重……因为我们乐于接受这个挑战……

——约翰·F. 肯尼迪

格雷格·林赛1977年出生于伊利诺伊州中部的波旁村，距离芝加哥南部大约一小时车程。他成长在一个普通的单亲家庭，屋后就是大片的麦田。

在成长过程中，他对自己的生活环境愈发不满。那时波旁只有一万人，林赛很早就开始对村子以外的事物充满好奇。16岁那年，他拥有了自己的汽车，从此开始走出小村庄。到费城参加夏令营是他此生初次尝试城市生活。

后来林赛取得了伊利诺伊大学香槟分校新闻学学士学位。他发现从文化角度看该校区甚至比他的家乡更富有乡土气息。幸运的是他得以先后在旧金山和纽约进行夏季实习，在城市生活中，他茁壮成长。

毕业之后林赛立即搬到了纽约，至今他已经在那里生活了15年。“我一到那儿，就再也不想回首过去了。”他说。

他称自己是个“热情的都市主义者”，认为场景技术使他的生活丰富多彩。他的工作也与此相关——为知名报刊《快公司》《纽约时报》和《华尔街日报》撰写关于城市和未来的文章。英特尔、奥迪和黑莓等公司纷纷邀请他谈论关于场景城市的新趋势。

林赛和妻子苏菲、儿子泰迪在布鲁克林高地拥有一间“鞋盒公寓”。“我们住在布鲁克林最古老但可以说是最美的街区，距布鲁克林大桥公园咫尺之遥，沿着东河沿岸有游乐场、运动场和令人叹为观止的景色，”他说，“我们用大量的私人空间换取了独一无二的公共娱乐场所。”

林赛一家并没有汽车。当他们需要开车时，会去附近的一家Zipcar租车公司，其他时间他们会选择坐地铁、骑自行车和步行出行。每天早晨林赛步行到他的工作室，途中会把泰迪送到日托中心。如果去波士顿看望苏菲的父母，他们会选择搭乘美国铁路公司的动车。

“我喜欢喧闹和四通八达的都市生活。我想在城市环境中生活、工作并养育家庭。”他说。

新城市人

林赛一家并不是个案。成千上万在郊区长大的年轻人为了接受高等教育而离开家乡，而后留在城市工作并成家立业。

这些“新城市人”接受过良好的教育且经济富足。与汽车和后院露台相比，他们接触更多的是移动设备。他们代表了一种加速新场景时代转型的重要趋势。

他们正在改变所在城市的特征和韵味，对抚养孩子的关注正在促使他们寻求更安全的道路环境和更好的教育条件，而场景设备在这些方面都在起一分作用。

“二战”结束后的60多年时间里，每代人都遵循着从城市迁往郊区的规律，而新城市人正在扭转这一趋势。如今，新兴的这代人大多选择更精彩刺激的城市环境，而非被草坪篱笆簇拥的独栋住宅。

新都市主义正在改变美国的人口发展趋势。根据包括美国人口统计局和布鲁金斯学会所做的多项报告，多年来的趋势显示城市人口越来越年轻富足，而郊区则面临着人口萎缩、老龄化和贫困化等问题。

新都市主义者所引领的场景生活使得城市按照场景技术进行规划、设计和重建。目前已有数以千万计的新都市主义者，而且这一数字还在增长。

在未来数年间，移动设备连同传感器、大数据、定位系统和社交网络，对新都市主义者如何工作、养育家庭、交通、购物、通信、学习和保健来说，都将是必不可少的，甚至会对政府和政治产生影响。

有车族和希望有车的人数会减少。同林赛一家一样，他们出行会选择步行、自行车、小轮摩托车、滑板、公交以及汽车共享服务。

林赛认为城市繁荣离不开场景力量。“我可以看到汽车地位的下降和互联网技术的提升之间的直接联系，”他说，“你不用开着车转来转去寻找某人。社交媒体帮助人们找到趣味相投的人。对我们这代人来说，这对城市生活举足轻重。”

当然，这将在未来两代乃至更长的时间内使城市产生巨变。新都市主义者期望并将从市政府那里获得更多帮助。云技术将降低有关成本，并且方便政府更广泛地发布信息，与选民进行可扩展的对话。事实上，他们已经这样做了。

当然，要成为一个真正开放、有求必应的政府还有很长的路要走。但当我们看到一些有远见的市政府时，我们便看到了希望的曙光。

新都市主义者积极主张道路安全、降低污染、政府透明和社区行动。他们将场景技术视为促进改变的强大工具。

他们的购物习惯（包括本地购物）也逐渐变成以移动设备为中心。他们支持并采用新型服务，允许本地商户把商品运送到他们在市区的家门口。

新都市主义不仅在纽约和旧金山等文化中心落地生根，同样也出现在匹兹堡和底特律等已经被人遗忘的地区。据报道，俄亥俄州东北部城市扬斯敦的年轻人数量就在显著增长，部分原因就在于当地的一家科技中心提供了三百多个就业岗位，员工主要为大学毕业生。即使是克利夫兰这座于2010年被评为全美幸福感最低的城市，也因为理想的人口因素而出现了复苏。

30岁的艾莉森·佩尔茨成长于俄亥俄州的郊区，在获得一份互动营销工作后搬到了克利夫兰。2011年她在克利夫兰的市中心租下了一个面积为800平方英尺的工作室。

“克利夫兰正在迅速发展，”她说，“这里有一种社区意识。居民都把街道和公园视为我们自己的后院和游乐场。我们也支持本地商业。”

新都市主义者使城市再次复兴。剧场、音乐会、手工艺品展销、农贸市场和夜生活都得到了长足的发展。

但是，这一切都有一个明显的短板：城市基础设施老旧。美国很多城市都由于年久失修而变得破旧不堪。据估算，仅国家道路、桥梁和建筑物的维修费用就高达3.6万亿美元，而且大多数需要维护的基础设施位于城市中心及其周边。

很多新基础设施项目不仅能够按时完工而且还能控制在预算内，这一点在近代城市发展史上几乎史无前例。能够实现这一改变的核心是两大场景技术：开放云服务和三维建模。

云政府

开放云服务和三维建模不仅能帮助新城市主义者预见所在城市的未来，还可以在城市发展的过程中拥有话语权。

首先我们从使用权开始说起。锁在储藏室里的各类市政计划、记录和城市模型都会迁移至开放云，比以往任何时候都更便于市民访问查看，而且这一切都可以在手机上完成。

再比较下查找公共信息的传统方式。此前，市民要在档案大厅里花费一下午的时间仔细阅读大量的蓝图、文件和微缩胶卷。现在，通过三维建模人们可以看到城市包括地面及地下的发展规划。市民可以看到一个新项目会如何影响周边区域。他们能够理解如果把一条高架公路改建成隧道的话，所释放出的新空间可以使原本隔离的街区产生交流与互动。当然，实体模型依然会陈列出来，但是如果可以随时在网上看到建筑的透视图会更加方便。

这种清晰且便捷的方式能够方便人们在项目破土动工前了解所提出的建筑计划以及将会对他们生活带来的影响，并在规划阶段给出反馈。

一些市政官员告诉我们，相比于发号施令，政府更应该作为一名合作者。曾任加拿大温哥华GIS和CADD公司经理的乔纳森·马克表示："如果能通过合作的形式进行管理，就能实现共赢。新技术允许所有的利益相关者参与规划，此外，新的三维建模使各方都可以预见未来的图景。"

马克拓展了我们对场景技术的认识。在进行深入研究前，我们认为只有人类可以进行预测行为。但是三维建模让人们把所在社区视为具有生命力的生态系统，在这里，一方的健康状况将会对其他各方面产生影响。这一点在研究蓝图中很难体会得到，但在三维建模中却相当显著。

三维建模让各方都可以认识到，一个单一细小的调整会如何影响交通和购物模式，或是如何对学校或城市安全造成破坏。三维建模还可以方便人们预测城市遭受灾难性风暴、地震或洪水后的结果。

这些预测功能可以帮助现场急救员部署抢险救援工作。教育工作者可以知晓年轻家庭的居住位置并预测在何时何地建立新的学校。零售商和医疗专家会看到在哪里开设店铺或诊所可以生意兴隆。

这些前所未有的关于城市规划的综合性观点为政府官员、承包商和选民之间架设了一道桥梁来更好地交流、合作并彼此信任。历史表明这些不同集团之间的关系有很大的提升空间。

我们并不认为三维建模是解决所有问题的灵丹妙药，但是它建立了一个更为良好的平台，也是一个更为积极的出发点。

建模城市

尽管新都市主义者在人数和影响力上都在不断增长，而且成了一股不可忽视的公民力量，但是他们所居住的城市还将继续面临由于多年疏于整治而恶化的棘手问题。

在目前经济不容乐观的时期，实现现代化所要付出的惊人成本简直令人胆寒。这是个喜忧参半的消息：有利的方面在于这些花费可以通过创造就业机会和支持本地供应商而促进经济发展；不利的方面在于，从历史上看，伴随如此大规模的城市项目而来的会是贪污腐败、粗制滥造和财务管理不善。

“大开挖”工程就是财务管理不善和潜在腐败的一个例子。该工程旨在改善位于波士顿中心地区的一条不雅观且拥堵的高速路段。工程于1982年开工，计划10年内完工，预算为28亿美元。结果该工程最终完工已是25年后的事情了，共耗费了220亿美元。它如今成为一个关于市政工程项目应该避免什么的案例研究。因此，很多人对于重建持否定态度也是无可非议的。

北美几乎所有的大城市都在进行着多项现代化工程。人们希望三维建模能够提供完美的结果。云技术则可以提高透明度并有望减少贪污腐败。

近来，包括西雅图、旧金山、孟菲斯、温哥华、奥兰多、迈阿密和查塔努加在内的多个城市的项目都能够按时完工且费用都控制在预算之内，事实也证明项目都履行了承诺。建设成果运转正常，并且没有对周边地区造成什么破坏。

三维设计软件公司欧特克在娱乐、制造业、工程、建筑和民用基础设施方面引领全球。我们所提到的大多数城市项目的规划、设计和建模都使用了该公司的软件。

道格·埃伯哈德是欧特克建筑工程销售发展部门的高级主管，他解释说三维建模工具可以使大型项目的建造方式如同小型的木工项目那样实施。“承包商有句谚语：‘要建就一次建好。’多年以来，城市开发商似乎会说‘先建好，然后频繁维护，因为这里有利可图’。”埃伯哈德说，“这一状况的确发生了改变。在规划阶段有更多的合作，同时在效果上，错误也在减少。”

城市设计师、建筑师和承包商利用这些建模进行“冲突检查”——该能力可以看到以前直到动工时才能发现的问题，比如说通风管道和电梯井的位置发生冲突，或者地下管道和地铁隧道相交叉。

从较大范围来讲，包括芝加哥和纽约在内的一些城市已经建立了整个城市结构的三维建模。这些建模可以帮助工程师看到一个新建公路出口所产生的影响，以及给几英里外的一所学校所带来的交通问题。

西雅图最近同时进行了两项改造项目，一个是公共道路，另一个是私人住宅、办公和零售业开发。

柏诚集团同时负责这两个项目，该公司建立了一个三维建模来展示市中心五平方英里内的具体情况。它可以模拟这两个项目对彼此以及周边地区的影响，涉及40个不同的方面，比如交通流量、污水管线和煤气公共事业。

这两个项目都使用了欧特克的软件。“人人都可以预测。我们把能够预测一切影响的分析进行汇总。”埃伯哈德说。这两个项目的规划时间为十年，建造时间为四年。到目前为止，各方都对最终结果表示满意。

或许你认为三维建模只能被限制在三个维度上，但时间是三维建模软件所能表现的另一个维度。建模可以展示城市地区在未来五年、十年或者50年的样子。比如，纽约市已经使用三维建模来预测曼哈顿周边不断上升的水位对地铁隧道的影响。纽约市的全部数据都存储在一个单一的云空间里。

此外，同样重要的能力是过滤掉那些在特定时间内不需要看到的内容。埃伯哈德表示：“一位现场急救员要看楼层平面图，了解地下部分有什么，知道消防水管的位置以及危险品的储藏位置。当现场急救员进入一栋着火的建筑时，了解其最近的星巴克的位置是起不到任何帮助作用的。”

或许增强现实技术可以用在未来的谷歌眼镜上，因为PairaSight应用程序或其他数码眼镜已经可以看到充满浓烟的走廊前方有什么物体。对我们来说，这是一个利用预期技术使人感觉身临其境的例子。如今以云技术为基础的建模也许可以在未来挽救消防员或者爆炸受害者的生命。

聪明的方法

赫尔曼·霍尔瑞斯于1860年生于布法罗。他本计划成为一名矿业工程师，但后来却在麻省理工学院教书。据说他做了大量的修补匠工作，于1890年发明了世界首台电动制表机。

美国人口统计局在意识到这款机器能够以空前的速度清点人数时，成了电动制表机的第一个客户。霍尔瑞斯认为新发明将为他带来商业机会，因此他成立了制表机器公司。

在接下来的几年间，制表机器公司兼并了几家企业，其中一家是生产咖啡研磨机的。1915年托马斯·J. 沃森成了该公司的董事长，他专注于为全球商业制造机器。沃森为人坦率且喜好文学，他把公司改名为国际商业机器公司，简称IBM。

作为一家经久不衰的科技公司，IBM随着时代的变化而不断调整业务以重塑自我。从最初的制表机到大型计算机、个人电脑，再到目前为大公司提供软件和服务器。IBM目前的业务做得相当好，但其他几家公司做得也不错，而且对于外行人来说，这几家公司的产品差别不大。

或许IBM希望与众不同，因此2006年该公司与员工、合作伙伴和客户开展了一系列“创新大讨论”。为了看清自己的未来，IBM退后一步来考虑全球性问题，例如人口、污染、经济和健康。

作为一家拥有42.5万名员工并在全球200多个国家和地区设有机构的公

司，IBM首先考虑的是如何让员工利用现有技术使世界变得更美好。这样做可以巩固公司在软件和服务器方面的地位。

IBM的财富之一就是它了解并能利用数据来设计预测系统从而对意外事件进行预报。IBM正在将该系统应用到它的“智慧地球”计划之中，解决诸如健康、银行和城市等复杂的全球问题。

“智慧地球”计划是IBM的一项全球业务，项目遍及世界各地。在对城市中心区进行调查时，他们特别留意新兴模式并从中为市政客户收集深刻的见解。模式识别使他们可以比竞争对手更快地发现并解决问题。

在该计划实施的短短几年间，IBM已经取得了一些骄人的成就。尽管该公司面向全球发展，但我们专门询问了面向美国的项目。在他们所进行的众多项目中，以下几项是我最感兴趣的：

孟菲斯：据警方介绍，IBM的预测分析已经可以帮助警方识别犯罪热点，预测何时何地有可能发生严重的犯罪行为。基于这些数据，警方重新分配巡逻警车和其他警务资源，将重大暴力罪行的犯罪率降低了30%。模式识别同样可以帮助警方判断以前被忽视的犯罪趋势。比如，下雨的夜晚偷车贼会更加活跃。

旧金山：IBM的数据使用和嵌入式传感器减少了源自城市数千英里长的污水管道污染。公共事业部门报道说，IBM的预防信息帮助他们节约了11%的故障检修费用。

查特怒加市汉密尔顿郡：该郡利用IBM的预测分析来了解不良模式是如何发展的。这能及早地发现身心有问题的儿童，因此教育工作者可以对症下药，学校的毕业率提升了8%。霍华德技术学校报道称，在该项目实施的前六年时间里，该校的毕业率提高了三倍。

迈阿密戴德郡：IBM帮助该郡的35个市实现了数据共享，方便了包括水域、交通和执法部门等在内的大范围合作。他们同时共享了场景技术，使得政府更加透明。仅仅一项水利工程就有望为该郡每年节省100万美元。

打造场景城市的新创公司

IBM同样为那些致力于通过场景技术来解决城市问题的全球新创公司提供人员、技术和合作方面的支持。以下几家公司都与IBM有不同程度的合作：

位于巴塞罗那的Bitcarrier公司建立了一个场景交通平台，该平台包含传感器、Wi-Fi和首席运营官里卡多·费尔南德斯所说的“一点点智能”。

该平台从遍及城市电网的2000万个端口收集数据，制成城市交通“热图”。管理人员利用这些信息在调整交通线路的同时缓解拥堵并减少噪声和空气污染。

用传感器来替代摄像头不仅可以保护隐私，而且据费尔南德斯估算最多可以减少90%的成本。交通管理人员可以更快地对交通事故和其他意外做出反应。

Bitcarrier同样改善了公共交通系统。城市公交车可以根据乘客数量的多少调整营运班次。

在遇有演唱会或球赛等大型活动时，大多数城市尚无法调整交通信号灯来调节车流量。原因在于所运行的数据至少是三年以前的，而且无法更新成当前信息。

到2013年3月，Bitcarrier的系统已应用于巴拿马城、赫尔辛基以及西班牙的巴塞罗那、马德里和萨拉戈萨。该公司还与其他一些城市在进行后期讨论。

另外一家西班牙的新创公司Libelium入围了IBM 的SmartCamp决赛。SmartCamp是IBM 专门针对全球创新企业举办的全球性活动。

Libelium首席执行官艾丽西娅·阿辛解释说，该公司专注于物联网。我们在第一章中曾经谈到过这一技术，它可以使无生命物体之间或与人之间进行交流。Libelium在拉丁语里是“蜻蜓”的意思，该公司运用了大量的名为“微粒”的微型传感器，对涉及安全、效能、植被生长和可持续性等各种不同活动的变化进行监测。

到2013年4月，已经有超过两千家开发商使用这一开放式传感器平台。例如，Libelium的技术帮助葡萄园根据环境条件来决定种植什么品种的葡萄。

Libelium的主要业务是为全世界的城市地区创建智能停车系统。位于路面下方的磁性传感器可以感应到车辆是否停入车位。通过全球定位系统和手机应用程序，该系统可以指引正在寻找车位的车辆前往最近的空位地点。

阿辛介绍说智能停车系统在市政管理上很受欢迎，因为该系统通过确保车辆支付停车费用或违章停车的罚款来盈利。该系统同样能减少对空气和噪声的污染。

Libelium最引以为傲的成就就是运用传感器应对2011年日本福岛核危机事件。

在日本政府的要求下，Libelium设计了一款传感器面板，安装在疑似遭受核污染的地区及其附近区域。每块面板都是一个自动无线的盖革计数器，将实时信息传输至一个基于云计算的开放式网络。

市民将所在位置的辐射指数发布到网上，这些数值和那些来自污染内部地区的指数都会发布在网上。

“几周后，我们便掌握了日本的核污染分布图。它代表了人们对分享和互助的共识。”阿辛说，“从此我开始认识到智能城市项目中来自市民的力量。”

再进一步说，如果海啸再次来袭，该系统将帮助日本做出更快更有效的反应。

第四章所提到的Nooly是一家位于以色列的气象探测服务商，这家新兴公司和IBM在多个城市内进行合作。

不同于传统的天气预报，Nooly的预报范围有限，但可以提前一至两个小时预报包括飓风、暴风雪以及洪水等在内的灾难性天气。

Nooly的首席执行官亚龙·赖希表示，Nooly可以帮助城市进行预警，比如何时因为天气原因会造成交通拥堵，哪里可能会有事故发生。城市可以利用这一短暂时间对路线进行快速调整。

赖希认为Nooly甚至可以挽救生命。Nooly的传感器可以预测山洪暴发，矿工可以提前撤离以躲避危险。Nooly同样可以帮助现场急救人员比如消防员来判断风向、降雨以及其他气候因素。

不太引人注意的是，Nooly可以为城市节省开支同时提供更为有效的服务。尽管市政能耗根据季节特点是可以预测的，但在遭受热浪或严寒侵袭时，该系统却能够实现城市无法做到的事情——快速调节电网从而节省能源和成本。

Nooly还可以预测高温天气里公园的蒸发率，并据此调节供水系统。

第四章中还提到了一款基于社区的交通导航应用程序Waze，它可以智能地调节交通信号灯来减轻城市的交通压力。

用户可以互相帮助来避开拥堵区域，减少出行时间和烦恼。它同样可以提高城市交通效率，通过提供实时数据帮助交通管理员重新设定拥堵地段的交通路线，帮助驾驶员找到最方便的停车位、卫生间以及其他交通便利设施。

未来创客

近年来有很多关于重建美国制造业的讨论。此前美国的制造业大部分都转移到了那些劳动力价格低廉且对工人的保护不那么严格的国家。

我们对这种情况是否会呈增长趋势或以可持续方式发展下去持怀疑态度。首先，这一转变会明显提高生活消费品的成本；其次，美国人对那些已经外包的工作并不感兴趣。

但是，每天都会产生大量新的轻型制造业就业机会，而且看起来这一数字在美国城市里会长期持续增长。我们得知目前在美国已经至少有100万个这样的职位，大多数分布在城市。

这些工作大量产生的原因在于“创客运动”的兴起，这一源于草根的潮流形成于十几年前，目前看来将会迎来一个指数级的增长阶段。这一运动的参与者，很简单——就是那些纯粹制造东西的人。

创客群体包括自己动手者、业余爱好者、创业者、聪明的孩子和退休人员。他们所生产和销售的实体生活消费品范围很广——从针织产品到飞机模型都有。

“创客运动”还拥有自己的在线杂志，并且每年举办三场“制汇节”，参与人数大约有16.5万。更不用说那些在世界各地随时举办的手工艺市场。

创客运动的圣地是TechShop——一个集文化、社交和灵感于一体的中心，服务于那些急需将创意转化为商机但又囊中羞涩的人。

TechShop的首席执行官马克·哈奇带我们参观了位于旧金山的面积为1.7万平方英尺的办公区域。他介绍这里与位于美国其他五个城市中心的办公场所完全一致。在我们看来，这里汇集了社区、学习中心、创客空间以及现代机械工厂。我们见到的每一个人看上去都忙忙碌碌却兴高采烈。

哈奇介绍说，很多公司的创始人都是在TechShop相识的。其中一些最有名的公司包括快速成长的移动支付公司Square、竹制iPad保护壳生产商DODOcase（2012年其收入为3700万美元）、新一代电脑冷却系统Clustered Systems等。Driptech是一款在印度和中国使用的物美价廉的灌溉系统，该公司是由一位斯坦福大学的学生在TechShop创立的。

哈奇告诉我们，TechShop为人们提供先进的工具、软件和空间。创客最多每月支付125美元便可“来此构筑梦想”。个人或者小团队可以在这个配有价值超过100万美元设备和软件的创意场所里“为所欲为”。

每个TechShop场所都配有昂贵的高端激光切割机、塑料和电子实验室、机械车间、木工车间、金属加工车间、纺织品车间、焊接站，以及一台哈奇所说的“可以切割地球上任意材料”的水射流切割机。

TechShop会员还可以与城市规划师使用同样的一整套欧特克设计软件。三维建模软件最受欢迎，它可以通过三维打印机生成物美价廉的产品。TechShop会员同样会接受关于如何使用软件的免费指导。

TechShop同样建设创业文化。TechShop发起了大量活动使创客和投资者、商人、专家共聚一堂，共享理念，达成合作或者哪怕是给予一些鼓励。

哈奇把TechShop描述为一场“变革性的经历”，在这里，业余爱好者变成了创业者，然后发展成了生产商。TechShop从方方面面帮助他们创建公司，其中包括资金筹集。它甚至还有一部直通美国专利局的热线电话。“在这里人们可以从一些廉价物品起步，之后再继续向前迈进。”哈奇说。

布莱恩·伯灵就是这样的创业者，他于2010年创建了eMotimo，该公司为“全球最便宜的平移摄像系统”生产机器人摄像头。

“TechShop改变了游戏规则。”他说。使用高科技设备大幅削减了创业的成本。TechShop可以使产品快速成型，同时为那些希望创业或者操作复杂机器的人提供一个社区支持环境。

哈奇表示，TechShop的用户年龄分布相当平衡，尤其是从20岁至50岁这个年龄段。最年轻的创客只有8岁，最年长的则有80岁。唯一变化较大的就是在过去5年间女性创客的比例提升到了40%，这一数字在最初仅为5%。

作为一家新创公司，TechShop又孕育了其他的新创公司。它无疑是有形商品制造商的加速器，而且在新都市主义者心中的地位是毋庸置疑的。正如斯考伯在博客中所写：“TechShop是当今最重要的新创公司。”

我们相信TechShop正在构建一个生态系统，这将是新都市主义者改善老化城市的文化核心。

新都市主义者对于可穿戴技术的快速接受不仅将拉近人与人、人与机构的关系，更将进一步拉近人与设备的关系。

在撰写本章时，我们对很多城市所取得的显著改善感到惊喜。当然，要根除那些困扰全球大多数城市的衰退和恶化问题还有很长的路要走。

更大的惊喜在于医疗保健，这是我们从高风险产业的治疗中发现的。在这一产业中，由机构所控制的医疗产业要比地方政府对人民福祉所造成的影响更大。

AGE OF CONTEXT

第7章

场景健康新时代

不要再为健康问题而烦恼。疾病自会走开。

——罗伯特·欧本（美国第38任总统杰拉尔德·福特的演讲稿撰写人）

AGE OF CONTEXT

迈克尔·克莱顿1972年出版的小说《终端人》中的主人公患有暴力性发作症。为了治愈他，医生在他的大脑里插入了电极，并与附在肩膀里的原子能电脑相连。然而，手术出现了问题。主人公从医院逃了出来，进行了一系列的谋杀活动。

类似情节贯穿于克莱顿的多部作品之中，其中包括《侏罗纪公园》和《天外细菌》。科学家创造新发明来改善世界的本意是好的。结果试验失去了控制，导致了人员伤亡。这一主题可以追溯到玛丽·雪莱的小说《科学怪人》。

有时现实并不像人们所想象的那么可怕。克莱顿小说里的电极、电线和核动力捆绑式助推器已经发展成现实中的微型传感器，这些传感器通过Wi-Fi与移动设备相连，甚至可以依靠人体的生物电来运转。

这些技术不会鼓动人们成为杀人狂，相反可以帮助人们更健康舒适地生活。虽然有关场景健康的新时代才刚刚开始，但已经有数百万人享受到了其中的好处。

尽管场景五力在人们健康中都发挥着作用，但传感器才是真正的主角。无论是帮助人们减肥还是协助医生治疗癌症，传感器在其中都扮演着重要角色。

这是一个全新的理念。虽然我们无法找到2008年时关于医疗传感器市场规模的数据，但可以知道的是，到2017年与移动应用程序相连的移动医疗传感器的市场价值将达到56亿美元。更重要的是，它在改善生活质量和救死扶伤方面的价值将无可估量。

传感器将减少人们前往急诊室或者接受创伤性诊断检查的次数，并在一些危及生命的疾病对人体造成永久伤害前就将其遏制。传感器为人们提供的保健知识比我们目前所能想象到的要多得多。具有前瞻性的医疗服务提供方可以分享这些数据，因为他们希望摆脱因循守旧的处理方法。

药丸上的传感器

位于加州雷德伍德城的Proteus数码医疗公司就是这方面早期的开拓者之一，该公司致力于以传感器为基础的卫生技术发展。他们所制造的硅芯片仅有沙粒大小，可以嵌入药丸安心服用。

芯片一旦与胃酸混合，处理器便由人体电流提供动力，并将数据传送至与皮肤相接触的装置。该装置再通过蓝牙把数据传送至移动应用程序上，最后汇总到中央数据库，使医疗技师可以确认患者是否服用了药物。

这一点的实际意义要比它的表面现象重要得多。据估算，2012年人们由于未遵医嘱按时服药而去急诊、住院和找医生看病的费用高达2580亿美元。

美国平均每年有13万人由于不严格遵守处方疗程而死亡。

目前，多数医生只是简单询问患者有否按规定服药。问题在于有时患者自己都搞不清楚，有的还会对医生隐瞒所服用的药物。一位医生告诉我们，患者不仅会忘记服药，他们甚至会把药扔掉以掩盖他们忘记吃药的事实。结果就是，药剂师无法根据处方的更新率来了解病人服药的时间间隔。

Proteus的解决方案为医生提供了药物是否被服用的实时确凿的数据。2012年4月，美国食品和药物管理局通过了安慰剂的相关测试。不出意外的话，传感器药丸将于2015年或2016年上市。

传感器药丸同样可以测量心率和身体活动，鼓励坚持治疗的患者，同时向医疗保健供应商汇报重要数据。

Proteus的首席执行官安德鲁·汤普森表示，该系统的潜力远不止于仅仅监测患者是否服用了处方药。人们正在测试它对肺结核、心理健康、心力衰竭、高血压以及糖尿病等病症的追踪能力。

Proteus是目前唯一一家获得美国食品和药物管理局认证的生产传感器药丸的公司。其他具有开拓精神的场景医疗公司也在研发微型可服用装置，使我们免受类似结肠镜或前列腺检查的痛苦。

这是个令人振奋的消息。多年来面对尖端科技，健康方面的发展始终落后于其他大多数行业。但显然，这种情况已经有了变化。尽管医疗行业在制度上还像个勒德分子（19世纪初英国手工业工人中参加捣毁机器的人）那样蹒跚前行，但一场自下而上的运动正在以惊人的速度发展。运动的主导者并不是位于华盛顿的决策者，而是场景技术的创业者。但是，发展的进程并不均衡。

为健康而穿戴

前文所谈到的谷歌眼镜和其他数码眼镜说明这类穿戴设备的重要性。但目前仅有几千人在使用类似设备，而将其应用于健康方面的人更是寥寥无几。

但是有其他成千上万的穿戴设备正在帮助人们变得更健康。事实上，目前健康领域内的穿戴式应用程序是最多的。其中最受欢迎的是Fitbit和Nike+的燃料腕带。

Fitbit这款售价99美元的卡扣式设备名为“One”，但几乎所有人都叫它Fitbit。该设备可以测量动作、距离、热量以及睡眠周期。

它同样是一款励志工具，帮你设定目标，当达到指标时会发送欢欣鼓舞的祝贺信息。男士们总是抱怨这款设备容易丢失。而女士们则非常钟爱它，因为可以把它夹在内衣的肩带上，而且在穿着时几乎看不出来。

最重要的是这些设备都能够使人上瘾。斯考伯的妻子玛利亚姆使用Fitbit后瘦了30磅。多年来她都在努力减肥，几乎尝试了包括缩胃手术在内的所有方法，但都没有成功。她说，自从用了Fitbit，她便爱上了这种更健康的生活方式。

售价150美元的Nike+燃料腕带是该公司基于传感器产品的旗舰商品，这类产品都有个“+”标志。其他同类产品包括能告知你何时该换新鞋的跑鞋、能记录弹跳高度的篮球鞋。

所有的“+”产品都与燃料腕带相连，燃料腕带在此充当个人健康网络的平台。

我们认为燃料腕带是一款独具魅力且设计可以媲美苹果产品的设备。它包含一个加速计，并可以追踪所做的运动、消耗的热量和行走距离。有些人质疑它测量行走距离的准确性，因为作为腕带它测量的是胳膊而不是腿部的动作。

我们所听说的对于这款产品的唯一诟病就是在电池耗尽前没有预警信息，但这个缺点很容易改进。此外，尽管在游泳时不能佩戴该设备，但是，可以像斯考伯那样戴着它洗澡。

用户称赞Nike+的分析简单易懂。这一点很重要。很多新设备都过于注重分析，对于那些只用它测量每日基本运动数据的用户来说，简单的分析反而更好。Nike表示，依靠强大的营销活动，到2012年2月使用Nike+设备的用户数量已经达到了600万。

量化自我

售价199美元的Basis是同类设备中的高端产品。它的设计理念是“健康与健身”。Basis不仅可以报时，内置的五个传感器还有很多功能，比如测量脉搏、排汗量、活动、体温和睡眠质量。它所提供的数据基本上都能满足一个天体物理学家的需求了。

Basis通过数据、表格和图形方便用户深入了解个人数据，尤其受到参与“量化自我”活动人士的喜爱。这些人认为所掌握的个人数据越多，越有助于他们了解自己的身体，从而变得更加健康。他们记录并用图表表示他们的行为、运动、位置、机体作用、基因以及其他所感兴趣的事物。因为他们相信，对自己了解得越多，就越能更好地调整习惯改善健康。

很多“量化自我”者是专业运动员，比如奥运会选手、铁人三项选手、专业表演人员以及跑步运动员。有些人认为他们最终可以达到一种无须看病吃药的状态。

欧洲最大技术会议LeWeb的创始人卢瓦克·勒默尔是一位热情的健身爱好者，同时也是“量化自我”活动的拥趸。2010年8月，他在博客中提议随着人们和移动设备互动产生高度个性化数据，人类身体本身已成为一个应用程序设计接口，这意味着通过允许电脑编码的互相交流，开发者现在可以为每个个体提供个性化的移动应用程序。

从这个角度来看，或许我们都会变得像《终端人》里的主人公一样，但今天的场景要比克莱顿小说中所描绘的更积极正面。

勒默尔在博客中表示，“量化自我”数据可以用来建立一个个人预期系统。你可以了解自己的运动和饮食模式，你会发现运动、饮食和睡眠三者间的关系，并搞清为何会生病或者感觉运动乏力。

在研究了自己的模式后，勒默尔发现每年他的体重变化的时间都很固定。在清楚地了解这一规律后，勒默尔便知道了如何打破这一模式使身体感觉更好。

我们并不知道将来人们是否不需要去看医生，但可以肯定的是：目前已经有设备能帮助人们保持健康活力，这减轻了美国医疗保健制度的负担。

社交健康网络

可穿戴式设备、传感器和数据是一场全面战争的武器，这一战争波及多个方面，包括工作场所和家庭住宅，涉及人群包括儿童、老人和长期病患者。

当然，所有的场景五力都参与其中。还包括安德森的“免费冰激凌”策略。

Endomondo运动追踪器把手机打造成一款可穿戴式设备，采用社交网络和竞赛模式帮助用户变得更健康。把手机绑在上臂处进行锻炼、跑步、骑行或者其他剧烈运动，追踪器将自动把个人数据上传至在线社区网站，分析运动数据和所取得的进步。用户还可以添加音乐、线路图和心率监视器。

Endomondo同时允许创建朋友圈，或者加入志趣相投的群体。参与者会以他们觉得合适的方式互相竞争或互相鼓励。

创立于2007年的Endomondo目前有1200万用户，并自称为第一家“社交健康网络”。我们通过Facebook和Twitter与Endomondo的用户进行了交流，他们表达了对Endomondo的喜爱与忠诚，有人称它“改变了自己的生活”。

如果说Endomondo是用来娱乐休闲的，那么员工的健身与健康则是严肃的商业问题，目前有多款应用程序来应对此问题。

位于旧金山的Keas是一家关注公司员工健康的新创公司。创始人亚当·博斯沃思将该公司描述为一个关于健康的社交网络，帮助雇主来激励员工变得更加健康。

在创建Keas前，作为一名受人尊敬的行业资深人士，博斯沃思建立并负责“谷歌健康”公司——一个时运不佳的商业尝试。它通过安全云存储系统来收集、存储并提供全部医疗记录。

在谷歌工作时，博斯沃思不得不处理一些家庭医疗保健问题。“我认识到只让人们有权访问健康信息并不足以改变他们的行为。”他说。

为了帮助人们养成更好的健康习惯，他于2008年建立了Keas。该公司为包括微软在内的大企业雇员提供励志健康系统。尽管Keas的销售对象为公司的人力资源部门，但该公司通过口碑式宣传和草根营销来促进采购，而不是通过传统的自上而下的方法。

Keas首先雇用一些公司拓展专员，让他们对身边的人进行口碑式宣传，这些人再向他们周围的人宣传，最终直到整个公司都知晓Keas的产品。

博斯沃思表示，Keas的系统由四部分组成：灵感、激励、信息以及最重要的——团队竞争。

每个团队由不超过六名员工组成，向其他团队发起挑战并竞争更多的积分。获胜团队将获得适度奖励，比如现金、休假或者免费的晚餐。

队员通过达到健康指标来获取积分，比如减重、一定的运动量或跑动距离。因此，先天的有利条件并不一定那么重要，能够达到自我提升的里程碑同样很有意义。竞争不但激发了员工的积极性，还使队员明白要彼此依靠才能收获成效。

经过五年的反复试验，博斯沃思表示他总结出了三条宝贵经验：

保持积极与简单。告诉一位员工他已经减掉了多少赘肉，而不是超重多少。提供简单易懂的数据。

六六大顺。博斯沃思也不明白其中的原因，但通过反复试验他发现小组最佳规模就是控制在六人以内。

社会压力很重要。Keas的数据是在一个强调竞争文化的内部社交团体里共享的。每个个体所承担的压力与其说是满足个人目标，倒不如说是为团队合作所做的贡献。

还有一个因素使Keas的系统与众不同，那就是不能再作弊。患者可能会向医生隐瞒自己所服用的药物，却无法向同事谎报减重了多少。博斯沃思坚持认为群众的眼睛是雪亮的。

Keas有效地建立起了一个非娱乐游戏规则——目的在于实现一个真正的目标而不是仅仅为了娱乐。其他非娱乐游戏很多也与健康相关，同样也是基于场景技术。

贿赂、谎言和糖尿病

美国目前大约有2500万名糖尿病患者，还有超过7500万人有前期糖尿病症状。每年的医疗保健和殡葬费用无法估量，因为这两种病症会引起多种严重的后果，比如心脏病、失明、截肢和器官衰竭。糖尿病对儿童来说尤其痛苦。

多年来尽管通过制度途径没有带来太大改变，但从儿科的最前线却传来好消息。医生、家长和患儿正在使用场景技术来帮助孩子们更加有效地与病魔做斗争。

俄亥俄州哥伦布市的儿童内分泌学家詹尼弗·戴尔医生透露了她成功行医的关键：贿赂。这并不是说她收取了贿赂，而是她贿赂青少年糖尿病患者。戴尔医生使用奖励措施来激励青少年，通过移动应用程序来积累数据并帮助她优化治疗计划。

到2013年4月我们采访她时，她研究这一方法已有五年之久。经过多次调整，已经可以取得持续且较高的成功率。戴尔医生相信她的行医过程可以通过类似于Keas这样以奖励为基础的移动应用程序得以复制。她已经把一个名为EndoGoal的非娱乐游戏规则融入整个系统之中。

参与EndoGoal的青少年患者只要在每次吃药、合理饮食或者锻炼后在应用程序上确认，就会获得相应的积分。该程序设定有一只可爱的虚拟宠物狗“库珀”，如果患者采取了适当行为它就会获得奖励，否则就会发出哀鸣。

达到一定指标，患者便会得到真实的奖励，比如iTunes歌曲、预付信用卡或者零售礼券。当地商店都可参与这些激励奖励措施。

“EndoGoal实际上是一种社会化商业模式，”戴尔医生说，“它与小女孩推销‘女童军饼干’的激励原理类似。但与卖饼干所得到的奖励不同的是，EndoGoal给患者的奖励是血液检查。”

戴尔医生在行医时竭尽所能提供个性化的奖励。“如果我发现有患者喜欢打保龄球的话，我会花时间学习如何打保龄球并试着安排相关的奖励。”她说。作为回报，她可以获得相关数据来帮助她为每个患儿定制治疗计划。

就像患者会对所服用的药物说谎一样，戴尔医生的患者同样会骗人——现在的孩子知道如何操纵科技。比如说，有些青少年患者知道如何篡改血糖仪使所显示的血糖指数一直保持稳定和正常，但实际上却不是那么回事。

为此，戴尔医生还要留心其他佐证。如果仪器显示患者在过去一个月里的每一天血糖测量值都很理想且稳定，但体重却在同一时间段下降了五磅的话，那么该证据意味着患者是通过篡改仪器数据来掩盖饮食失调。

戴尔表示，通过EndoGoal，医生很容易发现这一欺骗行为，并借此提供一次帮助患者的机会。该应用程序帮助医生来预测病患的趋势并相应地调整治疗方案。

患者的最佳助手

并不是所有的医生都像戴尔那样具有科技眼光，明白即使健康产业停滞不前，场景技术也可以帮助患者在战胜病魔的道路上不断前进。

当很多医生还在墨守成规时，有些家长已经懂得了如何采取主动。维维恩·明为其子所准备的最佳顾问是数据驱动技术，而不是以前无所不知的医生。

在对科技新能力的认识方面，明可不是你所想象的那种家长。作为一名神经系统科学家，她拥有卡耐基–梅隆大学的博士学位，并在加州大学伯克利分校做过访问学者。她是Gild公司的首席科学家，Gild是一家位于旧金山的大数据公司。她帮助公司招聘技术方面的人才。明此前的工作涉及对人脑进行建模。她也是谷歌眼镜的首批试戴人员之一。

明和她的丈夫都是大数据专家。当他们的儿子菲力克斯表现出儿童糖尿病的症状时，他们开始尽可能多地收集关于菲力克斯饮食、运动和行为的数据。

他们开始研究能够治疗此病的最先进的技术，并选择了一款OmniPod无线胰岛素泵，搭配一部无线Dexcom G4 Platinum血糖监测系统。据明介绍，该系统比普通的测量配剂系统精密十倍，可以根据血糖水平的变化自动调节。

他们还购买了一款名为Basis的腕表，绑在了菲力克斯的脚踝上（因为他的手腕太细了）。这可以为他们提供更多的数据。

收集了足够的数据后，夫妻俩来到了一位内分泌学家的办公室。“我们适时地向医生和护士出示了我们所收集的关于菲力克斯病情的数据，”明回忆说，“但他们拒绝接受这些数据。取而代之的是，他们给了我们一张纸质表格，需要每天手工填写三项数据。”

“在此后的三个月里，他们希望我们记录任意一周的数据并填入这个表格。当我们把填好的表格交给他们时，他们只是眯着眼睛看了一会儿，然后又递给了我们。”明接着说。明表示他们都是能力很强的执业医师。“但他们能做的也就是这些，也不知道如何处理更多的数据。”她说。

与此同时，夫妻俩研发了一款应用程序来记录更为全面的数据。经证明，这些都是有用数据。比如，他们发现菲力克斯的血糖在每个去幼儿园的早上都会迅速上升，但在周末却不会。通过皮肤电反应，Basis腕表所显示的同时期读数表明菲力克斯很焦虑。显然，去幼儿园让小菲力克斯感到紧张不安。

焦虑会引起肾上腺素升高，提高血糖。对胰岛素进行微调就可以解决此问题。但如果只看平均数值的话，医生永远无法发现这一问题。

明发明了一款简单小巧的预测系统，在需要上幼儿园的日子里使用胰岛素，而在周末停用。

那么这对于菲力克斯意味着什么呢？在明看来这是一件改变人生的大事。血糖水平无论升高或者下降都会造成儿童在学校行为不端。如果太高，孩子的行为可能会被错误地诊断为注意力缺乏症；如果太低，老师则可能误以为孩子得了抑郁症。

“我们的预测性应用程序可以使儿子过上正常的生活。他可以和其他孩子玩耍，做家务，上钢琴课。他可以获得正常孩子的经历，”明说，“如果没有这款应用程序，这一切都不可能发生。”

在2013年初Woman 2.0会议的演讲中，明分享了她的这一经历。之后一位与会者对明说，她正在开办一家公司研发类似的预测系统来应对凝血障碍，希望明能加入公司的董事会。

“问题在于场景技术在医疗保健方面并未得到充分利用。很多无法控制的疾病通过现有的场景技术其实都是可控的，从而可以挽救很多人的生命。”明说。

择地而行

和糖尿病一样，美国同样有2500万名哮喘患者。在美国有超过9%的儿童患有哮喘，是儿童患病率最高的一种疾病。这种慢性病会使气管发炎并收缩，造成气喘、气促和咳嗽。目前还没有彻底治愈的方法。

美国平均每天有九人死于哮喘，每四个送往急诊室的病人中就有一位是哮喘患者。治疗哮喘患者的费用大约每人每年2000美元，总数则为每年500亿美元。

人们通常会把这一痛苦甚至致命的疾病归咎于通过空气传播的花粉和污染物。几十年来，疗法主要是通过吸入器和大量注射过敏疫苗。如今，位于威斯康星州的新创公司Asthmapolis开始采用场景方法来治疗哮喘。

Asthmapolis所考虑的是地面上有什么，而不是关注空气里有什么。通过定位数据来改变哮喘患者的模式，警告他们避开特定区域从而防止哮喘发作，减少服药以及就医的次数。

当然，传感器、大数据和移动技术也都参与其中。其工作原理为一个含有全球定位系统传感器的小型帽状装置固定在一个吸入设备的顶部，整个设备由哮喘患者携带。

当哮喘发作，患者使用吸入器时，该装置记录下时间和地点并将数据传回网站，内科医生和公共卫生专员可以共享这些数据。通过对同一区域的所有用户数据的分析可以获得使用模式并确定地理哮喘热点地区。解决方法非常简单：远离该地区就可以远离哮喘发作。

该方案之简便可以通过一个例子得以体现：纽约市某小学的一群患有哮喘病的儿童参与了Asthmapolis公司的一次测试。

数据显示孩子们在上下学路过某一相同地区时都会使用吸入剂。结果证明这个地区是一个空气污染严重的精炼厂。通过告知患儿家长要在接送孩子时远离那个街区，孩子们再也不用带着两剂吸入剂去上学了。

对于那些多年来都没有新治疗方案的患者来说，Asthmapolis为他们带来了福音——一种前所未有且价格低廉的解决方案。

肯塔基州的路易斯维尔的空气污染指数一直居高不下。该市的公共卫生官员们同IBM的“智慧城市”计划和Asthmapolis共同创建了一个测试项目。该城市向500位哮喘患者发放了Asthmapolis传感器，通过收集数据来查明以前未检测到的哮喘热点地区。

路易斯维尔可以告知那些有呼吸问题的当地居民需要远离的地区，从而减少病痛和公共医疗支出。

这会给2500万名哮喘患者的生活带来怎样的影响呢？对此我们只做了一次采访。惠特尼·扎茨金是TedMed大会制作小组的成员，她自幼就患有哮喘，也是最早一批接受Asthmapolis测试的用户之一。“它使我的病情得到了好转。”她说。地理信息使她可以更精确地使用药物，或许还可以减少就医次数。

地点是关键

Asthmapolis属于地理医学的一部分。作为一种新兴但蓬勃发展的健康解决方案，地理医学是地理和健康学的跨界学科。

这一方案的带头人是比尔·达文霍，他是Esri公司负责健康与公共事业解决方案的全球经理。Esri公司在地理信息系统方面处于领先地位。在遭遇了一场“突如其来的心脏病”后，达文霍开始对健康与地点的关系感到好奇。

结果证明达文霍并不知道自己居所的环境因素会增加心脏病发作的可能。虽然这些联系显而易见，但没有任何医生问过他住在哪里。

尽管有大量的数据显示地点与包括心脏病、癌症、呼吸障碍、糖尿病在内的疾病有内在联系，但医疗机构从不把地理位置视为医学因素的一部分。

地理医学是场景医学的一种形式。通过定位技术，医生可以预测你可能会患上哪种疾病。例如，居住在臭氧层稀薄的山区，患皮肤癌的风险就较高。如果靠近受污染的河流，那就要小心肠道疾病。如果住在煤矿附近，那么患肺气肿的可能性就很高。地理医学的从业者可以根据患者所居住的环境提供不同的医疗指导。

老年人的穿戴设备

*Wearable Technologies*杂志是我们获取关于穿戴技术信息的最佳来源，这本杂志报道了众多穿戴式的健康产品，目标消费者是那些不断增长的使用穿戴设备来保持独立生活的老年人。

这些设备的共同特征就是极易操作。因为有些老年人还不能适应个人技术，有些则患有认知方面的疾病，比如老年痴呆症。

我印象最深刻的是Vega Everon手镯。该产品利用全球定位系统传感器建立了一个“安全区域”方便认知障碍患者在其中自由行走。如果有患者走出了该区域，它会向服务器报警。

TunstallVi是一款家用型患者追踪装置，基座部分设有几个按钮，帮助患者在遇到紧急情况时求助，或者帮助他们解答问题。这个可穿戴组件是一个内含传感器的垂饰，如果患者摔倒会发出警报。

BodyTel是一款可以监测血糖、血压和体重的综合装置，可以与智能手机相连。

GrandCare为那些处于独立建筑设施中的患者提供远程健康系统。利用传感器向服务器报告患者的移动、动作和生命体征。该网站作为一个门户为家庭成员和保健服务提供者追踪患者的数据。

包治百病

我们惊喜地发现在这个初级发展阶段，各式各样的设备正在迅速充实着场景健康领域。这些设备能够为各个年龄段的人群提供解决方案。试着想想这些来了解我们的发现。

在家进行尿检分析：我们发现了一款名为uChek的免费iTunes应用程序，可以让人舒适地在家中的卫生间用试纸采取尿样，然后拍照上传到移动应用程序用于进一步分析。为了实现对检测结果进行处理，用户必须购买整套装置。以前那种需要在卫生机构的公共洗手间用塑料杯提取尿样的场景将一去不复返。

电子网眼：来自伊利诺伊大学香槟分校的研究者们正在研发一款由传感器、电极和Wi-Fi组成的类似文身的电子网眼。通过手术该网眼会附着于患者的肌肤上，测量并传输包括皮肤含水量和体温在内的重要数据。而网眼会在两周后自动分解。

独立假体：匹兹堡大学正在进行一项实验，研究如何用脑电波来操作不与身体连接的假肢器官。据报道，一位四肢瘫痪的女子可以利用一个独立的假手给自己喂巧克力。

智能牙刷：一些应用程序可以改善卫生用品的实用性。Beam公司正在销售的一款内置传感器的牙刷可以帮助孩子们更好地刷牙。飞利浦的一款内置传感器牙刷正处在研发后期，它可以检测龋齿并通过短信报告给使用者和家庭牙医。

医院卫生：美国医院的手部卫生达标率仅为可怜的40%。目前至少有两款传感器系统用来改善这一状况。其中IntelligentM利用传感器对没洗手就接触患者、医疗设备或用品的医务人员发出警告，督促他们立即改正。通用电气的AgilTrack安装在医院的洗手池上，如果有员工不洗手便会发送报告。如今在美国的医院里，医生由于不清洁手部会给患者的生命安全带来严重隐患。

预测心脏病发作：瑞士的一个医疗小组研发了一款内置传感器的微型植入物，目前正处于试验阶段。这款微型蓝牙设备可以进行血液化学分析。研究者们相信它可以在心脏病发作几小时前及时向医院和使用者发出预警。

战胜癌症

在我们所接触的众多医疗专案中，最具前途的就是光纤阵列扫描技术。在硅谷的斯坦福国际研究所我们见识了这一技术。这个机构在第二章讲述谷歌眼镜时有过介绍。

斯坦福国际研究所是技术创新领域的圣地，电脑鼠标就诞生于此。该研究所研发了很多有使用价值的科技创新产品，比如高清电视和苹果的Siri系统。

我们没想到有什么可以阻止癌症的发展，但光纤阵列扫描技术恰恰就是用来治愈癌症的，这估计很快就能实现。最大的优点就在于越早发现癌症，治疗所带来的副作用就越小。

光纤阵列扫描技术设备的大小相当于一个横向文件柜。传感器利用两步处理法对活检样本进行光速扫描。它可以在不到两分钟的时间里从五千万个细胞中检测出癌细胞的数量。

这些癌细胞会被标记以便再次查找。技术人员继而尝试使用不同形式的疗法来确定哪种最有效。测试的结果就是，患者只须接受一种疗法。

光纤阵列扫描技术所提供的诊断信息通常无法被标准的肿瘤活检所检出。该技术可以显示血液中携带的肿瘤细胞信息，并为每个患者指出最有效的靶向疗法。对早期癌症对症下药可以使患者免受化疗之苦。化疗通常用于晚期癌症的治疗。

该技术将用于治疗多种癌症，首先是治疗乳腺癌。相关设备已于2013年5月进行了临床试验。斯坦福国际研究所表示，他们计划于2013年底前把该技术商业化。相关产品将于2014年底上市，当然这要取决于美国食品和药物管理局的批准。

斯坦福国际研究所预计，三到五年后，该产品会变成如家用打印机般小巧，而且售价会低于1万美元。该研究所生命科学部的执行理事内森·柯林斯说：“我们希望在接下来的三年里，该设备可以出现在医生的办公室里。”斯考伯和我也希望如此。

隐患

医疗保健行业在取得不可思议的发展的同时，我们也看到在医院内部潜藏着一个巨大、难以处理又危险的隐患。

这一隐患存在于由行政官员和官僚主义者所控制的监管部门、保险公司和医疗设备公司。这些人所关注的是利益而非患者的福祉。

当目前一切运转正常且不影响他们和股东的利益时，这些人何苦要改变这一局面？如果结肠镜检查和前列腺检查可以带来巨大利润，又为何要研发含有传感器的药丸来替代这些检查呢？那些被选举出来的官员凭什么要认可这些医疗改革来同给自己带来丰厚政治利益的体制作对呢？一种体系一旦成熟，会更关注如何自我保护而非满足选民的需求。

“医疗”包含众所周知的两部分：预防和治疗。我们列举了大量场景技术帮助成千上万的人预防和治疗疾病的例子。在预防和健康领域有大量的类似解决方案。

此外，我们认为一场医疗保健方面的创客运动正在形成，这与第六章所讨论过的场景城市中的创客运动类似。我们有充分的理由期待这样的努力会减少患者的痛苦并拯救生命。与此同时，这也将节省数十亿美元的费用。

尽管存在隐患，但随着场景技术进入医疗行业，现有格局将被打破，因为成本会降低，同时医生的治疗也更加有效。我们希望T. A. 巴恩哈特在博客中所流露出的情绪是这场必然的变革的指导原则：“这事关人民和他们的生活质量。”实在是找不出比这更恰当的话了。

AGE OF CONTEXT

第8章

穿戴设备的重要性

我不害怕电脑，我害怕的是没有它们。

——艾萨克·阿西莫夫

前面我们已经谈到了穿戴设备例如谷歌眼镜和其他场景设备是如何改善人们健康状况的，甚至还谈到了场景文身。穿戴设备已经出现了多种形式的产品，比如腕带、运动鞋、戒指和项链。我们相信随着技术的不断发展，这些设备会以更多样的新形式贴近我们的生活。它们会变得更加智能小巧，并且拥有越来越多的功能。

在我们看来，穿戴设备既是技术界不朽的潮流之顶峰，同时也是对其的延伸与扩展。

摩尔定律为微处理器设备设定了一张线路图。英特尔的联合创始人戈登·摩尔博士于1965年发现了这一定律：集成电路上晶体管的数量每两年便会翻一番。从本质上讲，这意味着这些设备的功能会越来越强大，价格越来越低，体积也愈发小巧。

1976年西摩·克雷发明了世界上第一台超级计算机，它的体积差不多有2台冰箱那么大，售价为880万美元。

如今购买一台三星Galaxy S4智能手机只需129美元还免费送货上门。

它的运行速度是第一台超级计算机的15倍，但体积仅为超级计算机的千分之一。

产品的体积变小及价格走低意味着更多的人可以通过更多的方式来使用这些功能不断强化的设备，而且发现这些使用方式对人类来说是必然的。

这一趋势能持续多久呢？看似是快走到了尽头。有些人认为这一趋势会在十年后终结。我们并不同意此观点，因为纳米技术的出现使微处理器的体积可以缩小至细胞大小。

梅特卡夫定律：以太网发明者罗伯特·梅特卡夫提出了这一理论，认为电信网络的价值随着用户数量的平方数增加而增加。在他发现这一定律时，网络还是由台式电脑、打印机、传真机和电话构成的。尽管如今有数以亿计的节点通过Wi-Fi相连，而且这一数字还在迅速地朝着万亿增长，但这一定律仍然适用。目前全球大约有27亿人使用互联网，尽管听起来有些奇怪，但正是这种连通性使我们能够互相交流。

始于维加斯

就穿戴设备而言，将摩尔定律微型化至关重要。如果这些设备太大太扎眼的话，没人会愿意佩戴。体积小巧对于穿戴设备丰富多彩的发展来说必不可少。

麻省理工学院数学概率专业爱德华·索普教授成功地发明了一套秘密系统，在21点牌桌上通过算牌赢得巨大赌注。在屡试不爽后，他接受了更大的挑战，预测轮盘赌的小球会落在哪个数字上。

他所设计的系统巧妙地避开了拉斯维加斯赌场里保安的检查，要知道当时的保安还是由黑帮所控制的。

索普将掌上照相机伪装成一个香烟打火机。当轮盘转动时他便偷拍一张照片，通过一根隐蔽的电线传送到隐藏在他鞋跟里的电子计算器中。计算器会预测出八个数字，然后将这些数字通过声线投射传递至他耳部伪装成助听器的设备上。现在看来这套装置还称不上是真正的电脑设备。当时微处理器尚未发明出来，而他所使用的是模拟组件。

之后，索普把他的这一经历写成了一本书。1971年数字时代到来后，在从牌桌上轻松地赢取了3.5美元后，基思·塔夫脱开始沉溺于21点游戏。随后，他读了索普的书，并开始在算牌方面碰运气，但却无法掌握其中的要领。

于是他和儿子马蒂组装了一个含有微型按键的隐藏设备藏在了21点牌桌之下（微型按键则绑在了基思的大腿上）。他把一台小型摄像机伪装成皮带搭扣，扑克牌一发到桌面上，摄像机就向视频系统发送一小段视频。视频系统装在他们停在停车场里的面包车顶。马蒂再将这些数据输入另一个新设备：一台个人电脑。

就这样，基思发明了穿戴式数字电脑。我们确信，和小岛丛林中那个战士无法想象步话机的发展潜力一样，基思绝对不会想到在接下来的40年里穿戴设备会进化成什么样子。

赌场的反击

在赌场与老千的对弈中，技术始终发挥着重要的作用。目前看来，赌场牢牢占据着优势。

赌场拥有自己的全球网络，可以发布出老千或者作弊嫌疑人员的照片。不仅如此，他们还使用场景技术。每张扑克牌每个筹码都内置微型RFID（无线射频识别）芯片。每张赌桌下面都有一个传感器检测欺诈行为（比如从袖子里变出一张好牌）。

尽管这些都不是穿戴技术，但是配有传感器的赌场所使用的设备出自NagraID。NagraID曾经是一家瑞士制表公司，现在转型设计高度安全的微型技术。

含有NagraID芯片的信用卡和会员卡足够智能，可以识别持卡人的身份及所处位置。同样的技术还以RFID芯片形式出现，无论是世界上最受欢迎的滑雪胜地阿斯彭的场景通票，还是迪士尼的魔法环，都是利用该技术实现酒店或餐饮的自动转账。

迪士尼和阿斯彭都是世界上最受欢迎的旅游目的地。我们相信其他旅游景点会紧随这两地所引领的这一潮流。

当然，这还仅仅是个开始。如果结合一些我们之前所谈及的其他服务，服务和便利性会得到大幅提升。比如，将NagraID和VinTank的地理围栏相结合，便会将个性化和基于特定区域的服务或销售提升到一个全新的层次。在这当中，付款可以通过自动授权和自动处理来完成。

VinTank同样可以摘取顾客以前所做过的推荐的相关数据，这样餐厅、游乐场或者酒店就可以根据客人的喜好提供定制服务。卡片上小小的RFID芯片和几个微型传感器会大幅改善个性化服务，并随之提升顾客忠诚度。

现在，再在其中加上一款科技产品——戴上如谷歌眼镜或奥克利眼镜这样的数码眼镜设备，你就会拥有场景式的穿戴系统，它将知晓你所在的位置、当前活动、个人喜好以及你所看到的实时内容。

尽管这样的一套综合系统目前还不存在，但其中的每一个组成部分都已出现，将它们集成到一起只是个时间问题。

尽管现在看来这一技术有些突兀，但根据摩尔定律，它会像其他技术一样，在体积不断减小的同时功能变得愈发强大。

目前已有一家公司正努力将谷歌眼镜的功能移植到隐形眼镜上。今天的腕带或许会变成未来的腕部植入物。照此趋势发展，穿戴技术或许可以直接植入视觉神经，这样可以与大脑进行更密切的互动。

大市场也贴心

我们希望穿戴设备能有比目前预测的大得多的市场。IMS研究公司估算2011年有1400万件穿戴设备发货。2013年，瑞士信贷表示在未来的三到五年内可穿戴设备的市场会从40亿美元井喷至300亿~500亿美元。

穿戴技术将会以创新的方法推出新形式，运行新任务。分析师常常忽视“一代新人换旧人”所带来的变化。我们坚信年轻人会对穿戴设备爱不释手。

展望谷歌眼镜的未来便可以看出我们为何认为那些预测太过保守了。在接下来的三到五年里，我们预计谷歌将在全球卖出至少一亿副谷歌眼镜，平均售价为每副300美元。仅仅这一销量就可达到300亿美元，这还没有包括其与穿戴设备相关的海量利润。

例如，智能纺织品是一种新兴的多样化穿戴技术，场景功能交织在纤维织物中。智能纺织品通过可持续纳米技术进行自我清洁，同时还可以与其他穿戴设备组成综合的穿戴电脑系统。

至少有包括麻省理工、斯坦福、芝加哥大学和卡耐基–梅隆大学在内的十几家高等学府都在研制穿戴设备。有关前景广阔的穿戴技术的报道如雨后春笋般到处涌现。

穿戴技术将无处不在。在某些情况下，可穿戴设备甚至被设计成可以隐遁无踪的。2013年夏季旧金山的一场穿戴技术会议上介绍了一款内置传感器的服装，当穿着者被激发性欲时，这款衣服就会变成透视装。

吉纳维芙·迪翁是德雷塞尔大学岛精高级技术实验室主任兼助理教授。2013年5月接受《基督教科学箴言报》采访时她表示，梦想着能有一种技术使穿戴设备变得非常柔软，这样穿着者就不会产生任何不适的感觉。“不需要在衣服里装入电池，也不需要在口袋里放进什么小装置。”她如此预言。

这个梦想当然不是遥不可及。目前已经有技术可以实现用电线将蟑螂头部与背部所捆绑的Wi-Fi背包相连，这样就可以用iPhone来控制蟑螂了。一位神经科学家在蟑螂头部植入了一个微小的电极，通过向蟑螂发送神经信息来控制它的前进方向。

最初，这一穿戴技术理念似乎与实际应用联系不大，但当我们联想到美国有700万人患有各种神经系统疾病（比如帕金森、老年痴呆症、脑瘫和多发性硬化）时，或许名为“机械蟑螂”的技术将可带来治疗这些严重的神经疾病的方法。

下面这些例子将展示一些穿戴设备的全新功能，远比那些测量心跳或以新形式查看邮件的小发明要厉害得多。

防身内衣：在印度，强奸案时有发生。三名大学生发明了一款防身文胸，对袭击者施以电击，同时通过聚合物织物保护穿着者。该文胸会通过蜂窝网络和精确的全球定位系统传感器自动向当局报警。

检测癌症的文胸：位于里诺市的First Warning Systems公司所生产的“文胸系统”可以进行早期无创乳腺癌检查。该文胸所含有的传感器可以检测细胞的新陈代谢模式。当发现异常情况时，该系统会向穿着者的医生发出预警。经过五年的综合研发和测试，该公司于2013年夏天开始了现场试验。

T恤电池：斯坦福大学的一个小组正在研发一款能够为手机和穿戴设备供电的T恤，而且使用寿命在充放电1000次以上。乔治亚理工学院和韩国的三星电子都在进行类似的研发，据说三星电子正在研发一种“柔性屏幕原型”。

智能口罩：很多生活在中国特大城市的人在出门时都会佩戴医用口罩来抵挡严重的空气污染。据美国广播公司报道，医用口罩在北京的销量为每天10万个。

如今，位于旧金山的Frog全球设计公司研发了一款地理医学设备——Frog AirWaves口罩（和奥克利Airwave眼镜无关）。

该口罩配有传感器、人工智能和蓝牙连接。每个口罩都能收集并分享空气质量数据。一款免费的由政府发布的移动应用程序允许用户发布热图，将实时空气质量数据发布在网上。这与西班牙Libelium传感器公司为日本福岛核辐射提供核辐射指数的方式相同。

少女心形相片盒：Dano公司的iLocket售价25美元，这款心形的小盒与苹果iOS系统相连。

此款产品定位于年轻少女，用户可以把最隐私的秘密通过iLocket悄声传给iPhone或者iPad。该应用程序利用的是语音识别系统。把暗恋对象的照片上传后，应用程序可以打印出一张心形盒子尺寸大小的照片。

该应用程序的撒手锏在于对用户隐私的保护。当有人按压盒子时，日记条目便会消失并进入保护模式，只有主人通过向iPad应用程序发送一条独特的编码并再次按压盒子时，它才会解锁。

市场已经开始把场景技术推广至还未到青春期的少年消费者。我们相信会有越来越多的产品定位于年轻消费者。这部分群体在成长的过程中会愈发适应穿戴技术，而他们的父母则会对这些技术产生反感。

连通人类

穿戴技术正在引领我们进入“连通人类”的时代，这形象地描述了人类与机器之间亲密的互动关系。

人类已经达到了一个境界：技术已经成了我们的附加物，而我们也正在和技术相融合。技术是人类的助理、顾问和知己。不仅可以随时提醒我们，还可以在关键时刻为我们求援。

“连通人类”这一概念主要指的是人们与设备的关系愈来愈紧密，以至离开设备人类的能力将会降低。这听起来有点像奥尔德斯·赫胥黎的小说《美丽新世界》，但实际上它代表着一个更加美好的现实世界。

人类与机器之间的密切关系将会使人变得更健康并更好地获得信息、更快地意识到环境的变化，同时感到更加安全、高效和多产。目前我们主要是携带着这些设备，未来逐渐会将它们穿戴上身，并最终将它们植入进我们体内，成为身体的一部分。

让我们来看一些关于身体附件的最引人注目的案例。美国有170万人四肢不健全，其中大多数人配有由机械操纵的义肢。这些义肢不但看上去很笨拙，使用效果也令人失望。

杰西·沙利文曾是田纳西州代顿市的一名电力线路工人。一次，他被一条松动的电线击中而失去了双臂。2004年，芝加哥康复中心的托德·库伊肯医生说服他成为试用实验性假肢的第一人。这种假肢与他的肌肉和神经相连。沙利文说现在当他用义肢握住妻子的手时，他会有所感觉。而当义肢离灶眼太近时，他也能体验到灼烧的感觉。

斯考伯和克里斯·塔葛塔在悬崖上漫步，远眺太平洋。塔葛塔腰部以下瘫痪了，但多亏Ekso Bionics的外骨骼机器帮助他恢复了行走能力。该装置完全贴合塔葛塔的衣物，并能够掌握重量的转移，因此可以知道他何时想迈步、何时想站起来或坐下。

类似的创新产品还有很多。我们发现一些美国公司所制造的仿生套装可以使下身麻痹患者行走；丰田公司将原本为生产线研发的机器人改装成家庭私人助理，为残障人士服务。

明白这一点很重要，即这不会像伯格的科幻小说所描述的那样，人类成为电脑的一部分，相反电脑会成为人类的一部分。我们始终是主宰者，保持着人性、情感和高度个人化的基因。当看到孩子迈出第一步时，我们仍然会感到高兴，穿戴技术帮助我们准确无误地捕捉并分享这一瞬间。我们依旧会对税务审计感到烦恼，但穿戴设备将会告诉我们存有疑问的开销用于何处。

把人类视为处理单位的概念听起来有点吓人，这意味着每个人都有可能被新奇的可穿戴设备所包围，或许还可以放心地使用它们来更好地捕捉美好瞬间。

在撰写本章的过程中，我们接触了许多穿戴技术产品，其中印象最深刻的就是缤特力 Voyager Legend——一款场景蓝牙耳机，这也是我们目前所见过的将场景技术发挥得最淋漓尽致的蓝牙耳机。耳机上的传感器可以在戴上它的同时就开始进行播放。它知晓你所处的环境，能根据周边噪声调节降噪能力。

当我们采访缤特力首席技术官乔·伯顿关于穿戴技术的未来时，这位精明的业内人士告诉我们："穿戴技术正带来自1994年网络进入大众生活以来对消费行为最大的转变。"

设备本身无疑是硬件。它们之所以能够变得重要的真正原因还在于软件，正是软件使穿戴设备成为有史以来最佳的个人助手。

AGE OF CONTEXT

第9章

个人场景助手：你最好的新朋友

你的愿望就是我的命令。

——《阿拉丁》中的神灯

小说家一直对能够满足人们任何愿望的神怪充满幻想。在过去的20年里，科技公司尝试通过在线助手的形式来满足用户的需求，然而都以失败告终，有时甚至是以一种惊人的方式。

这一理念可以追溯至20世纪80年代，几家不知名的硬件公司推出了一些专利设备试图对个人通信、日程和生产力进行管理。这些设备虽然引起了媒体的足够重视，但其中的大部分还是被束之高阁。相比于昂贵的费用，它们能提供的服务相当有限。

1993年，苹果公司首席执行官约翰·斯卡利把公司和他未来的成败都押在一款名叫“牛顿”的设备上。公司宣布这款首创的手持设备将“彻底改变个人计算领域”，并创立了一个全新的产品分类——“个人数码助手”或称PDA。

“牛顿”的基本款售价为699美元，配有触摸屏和手写识别软件。通过与台式电脑相连，用户可以通过“牛顿”来管理日程表和通讯录，还可以使用互联网的早期版本来收发邮件和短信。

苹果打造了一场壮观的发布会并起到了很好的宣传效果。媒体竞相报道，多本杂志将PDA时代的来临作为封面报道。各竞争对手也争先推出了类似产品。

草草收场

然而，PDA并没有迎来迅猛发展的春天。它不但难以使用，而且当时很多重要的革新还没有出现。到1998年，“牛顿”和其他多数PDA产品要么消亡了要么变得无足轻重。对于那些曾经大力支持该产品的人来说，PDA一词很快从他们的营销词汇中被抹去。

“牛顿”如今被认为是苹果最失败的一款产品。它使得苹果最近在地图软件上的过失看起来只不过是个小插曲。“牛顿”，这个以地球引力发现者的名字所命名的产品，险些把“苹果”搞垮。

后来，史蒂夫·乔布斯回归后在不到十年的时间里把奄奄一息的苹果公司转变成为全球市值最高的公司。可以说，转机就是2007年所发布的iPhone手机。不曾被人注意的是，“牛顿”的核心技术被移植到了iPhone上，iPhone实际上是一款高度改良的PDA。

在“牛顿”的衰败和iPhone兴起的十多年时间里发生了很多变化。在这期间，摩尔定律使得技术更加强大、小巧和廉价，梅特卡夫法则使网络迅猛发展。同时不要忘记，互联网的迅猛发展不仅给人们的生活和工作带来变化，而且模糊了工作和娱乐的界限。

iPhone问世已经快七年了。社交媒体改变了人与商业的沟通方式，对话时代进入全盛时期。我们现在大部分时间与移动设备相伴。出行时口袋里都会装着收集数据的传感器——知晓我们的位置、前进的方向以及所选择的交通工具。

到2013年，PDA一词已经不复存在。由iPhone所带动的革命已经取得了胜利。无所不在的技术就像我们口袋中的神灯精灵一样，能帮我们做任何想做的事。

更多的承诺要履行

还记得苹果2012年的广告中约翰·马尔科维奇在壁炉前奉承Siri吗？Siri本应该成为我们最好的朋友，但在现实中它却令人失望，无法正常工作。它经常无法理解我们的具体要求，从而造成误解。

其他的技术虽然没有热热闹闹地宣传，但却在很大程度上能够帮助我们管理生活，就好像一位精明的办公室助理能够得力地帮助总经理来管理日常生活。

20世纪90年代的PDA和先进技术的区别就在于场景。在变幻莫测的日子里的某些时刻，新系统知晓你的身份、你正在做什么以及你应该知道什么。正如我们所说，它们依旧会犯错误，但却在不断完善。新软件可以通过其他人和他们的模式来识别你和你的模式，并且永远在你左右。

如婴儿学步般的小心尝试再次推动了科技的前行。一款软件会提醒你何时是朋友的生日，另一款软件会在你遇到交通拥堵时向同事发送短信。在不久的将来，就会有软件能够检测冰箱里牛奶的储存量，提醒你何时需要购买牛奶。这些新产品会不断增加新的功能，并不断提高对你的理解能力。

这些软件就像求知欲很强的孩子那样来学习：和你相处的时间越长，就越能够理解你并变得更加智能。

个人场景助理

新技术起源于旧的PDA技术，但发展得更远。很明显，重点已经不在于是否数字化，而是在于场景意识。与PDA不同，我们称它们为个人场景助理——PCA。

PCA是场景时代的关键。相比于神话中的神怪，PCA为我们提供的服务更好、时间更长。在不久的将来，如果没有自己的PCA就跟没有电子邮箱一样。

PCA是开放的基于云计算的移动平台。每一款都旨在与其他的移动应用程序相连，比如社交媒体、文本、电子邮件、交通和天气，允许PCA选择相关的新闻，并在任何特定的时间知道如何引起用户的注意。因此，PCA充当着一站式空间来简化你的生活，自动过滤多余的信息，并预测任务。此外当遇到诸如天气变化等情况时，PCA能提醒你这可能会影响你出海或骑行的计划。

它们知道环境会如何影响你的需求，PCA根据当时是白天还是黑夜，是工作日还是周末给你提供不同的建议。很快它们将能充分地预知你是来去匆匆还是有时间停下来欣赏风景，或者是正在诺德斯特姆公司购物。

它们明白你是正在上班的路上想听些新闻和路况播报，还是正在回家的路上想了解点体育新闻或者仅仅为了放松听些嘻哈音乐。

PCA将演化成一款预期系统来预测你生活中的每个方面。随着技术不断改善以及你使用PCA的时间不断增长，通过链接不同的数据点它将在你发出命令前明白并预见到你的愿望。随着时间的推移这些行为会变得更加复杂，能够预测更多的行动，并通过更小粒度级别的复合源来链接数据。

如果发现有一封电子邮件的内容可能会影响你的行程，PCA会做出提醒，或许它会根据你过去的行为来建议下一步行动。将来，PCA可以感知不同的气温，并远程操作草坪喷水系统运转几分钟。

这一工作足够简单。大多数PCA会向你发送简短的提醒或者“卡片”来通知最新的变化。有些则会在征求许可的情况下代表你采取一些行动，比如给一位Facebook上的朋友发送生日祝福。PCA还摈弃了键盘输入，因为键盘输入不仅在移动设备上运行缓慢而且在特定环境下使用既危险还违法，比如开车时。在不久的将来，它们会发展出语音或手势识别功能。实验室研究人员正在试验用脑电波来命令无生命物体，这将使我们和设备的关系更加私密化。

和非人类的物体交流其实并不像听起来那么奇怪。人们早就开始对宠物说话。当在暗处被东西绊倒时，大多数人都会对着无生命的物体发发牢骚。我们也早已习惯了跟电话语音处理系统说话（尽管我们很难相信语音系统会认真处理来电）。

大量选择

市场上几乎所有PCA的服务都是免费的。每一款都有值得提升的空间，而且都大有前途。尽管功能有重叠的地方，但每一款都有各自的强项以满足特定的需求。

凭借着谷歌的品牌，“谷歌即时”拥有最多的用户和最有利的市场地位。它在安卓和iOS平台上都有发布，并且与不断拓展的谷歌产品紧密结合，比如谷歌搜索、邮箱、地图、聊天、日历和云端硬盘。

能够在不同的应用程序中看到数据的链接是好事，有些人认为是件大好事。当你做其他事情时它甚至能根据在线账户的内容，在你发问前就提醒你需要什么。

谷歌在预测技术软件精选方面占据优势，这些是“谷歌即时”的基础。2004年所研发的首款预测搜索算法被用于其支柱产品——谷歌搜索。这一预测和链接非常有用，但正如你所知，它也做得有点过分。

“谷歌即时”的独到之处在于其杰出的语音识别能力，它是我们所见过的消费级产品里最好的。随着谷歌眼镜和其他穿戴产品的流行，我们认为语音输入将变得极为重要。

在iOS和安卓平台同时发布的EasilyDo自称为“你的智能助手”，而且看起来它也做到这一点了。不同于“谷歌即时”重点关注谷歌应用程序的动态，EasilyDo更广泛地关注其他应用程序。它会通知你有关的事件和提议来为你做出所需的改变。

EasilyDo的一大优点就是能自动操作最常见的任务，比如更新通讯录和日程表预约。当有新信息时，它会征求你的同意来更新内容。

此外，它会记住你的登录信息，你无须停车拨打电话便可参与预定的电话会议。利用同样的方法它也能帮你追踪包裹。

EasilyDo的创始人兼首席执行官米卡埃尔·伯纳表示，相比于其他同类产品尤其是“谷歌即时”，该公司打算将其产品打造成可以执行更多任务的PCA。在本书撰写期间，EasilyDo已经可以运行36项任务，“比‘谷歌即时’高出了25%”。

EasilyDo可以执行更加复杂的新任务：一边管理你的登机牌，另一边根据实时交通情况计算你所需的通勤时间。这个程序还可以在你开会时转接来电，并为你下次出国旅行搜索最佳数据计划。

伯纳表示，在上市不到半年的时间里，EasilyDo拥有了大约20万日常用户，并与几十家公司结为合作伙伴，比如印象笔记、网络随身碟、塔吉特百货和亚马逊网站。

EasilyDo目前的优势在于它所引领的场景一站式服务是其他PCA所向往的。它将重点放在能够胜任越来越多的任务，这适应了大多数人的需求。

Atooma或许是最有雄心壮志的PCA。它由四位来自罗马的创业者所建立，并在柏林和旧金山设有办公机构。由于在一些欧盟会议上（包括意大利的TechCrunch）获得最佳展览奖，它逐渐被人们所关注。

2013年6月我们采访了Atooma的联合创始人之一焦亚·皮斯托拉，她表示这家成立仅一年的创业公司已经拥有了15万常规用户，这表示该平台有机会达到关键规模。

Atooma有我们所喜欢的很多特色，尤其是它把所有必要的移动应用程序集中到同一个屏幕上，只须摇摇手机便可进行更新。类似于语音输入，手势让用户可以更简单安全地使用穿戴技术。

当你戴上耳机时，可以设定Atooma自动打开Spotify播放器，因为它知道这是你的习惯动作。你也可以分开整理工作和个人任务，Atooma可以出色地理解你在工作和娱乐中关于场景和喜好的变化。

最重要的是，我们很欣赏Atooma能允许用户将自动操作的常规任务具体到细节。比如，当你和家人或室友走在回家路上时，Atooma会自动提醒你们在进门的那一刻把3G信号转换为Wi-Fi。

还有十多种同类产品，哪些才能成为最终的赢家呢？答案需要很久才会揭晓。但只要存在竞争，用户通常就是最大的赢家，因为改进总是层出不穷。

记住PCA是一个平台这一点很重要。具体的移动应用程序、电子邮件和社交媒体都要与平台相连。然而，有些应用程序正在模糊平台与单独应用程序的界限。下面举个很好的例子：

Tempo也是一款来自斯坦福国际研究所的创新发明，它是我们所见过的最佳场景日程表。它可以访问用户的电子邮件、社交媒体和网站，合并相关的电子邮件、地址、姓名、手机号码等。

现在，Tempo还只是在你的日程表里保留相关的场景。我们猜测将来它能够自动提醒那些赴约迟到的人，以及与地图链接以提醒你何时需要变更赴约的路线。

恐怖的媒人

在开始写作时我们就知道“怪异”这个因素会成为本书的一部分，但我们没想到它会出现在每个章节。本以为PCA这章会是个例外，但当我们于2013年6月开始撰写本章时，却看到社交媒体倡导者戴夫·温纳在他的博客中讲述了这样一个故事：

当时我的朋友珍准备从盐湖城来看我。“谷歌即时”告诉我她的航班将于24分钟后抵达肯尼迪机场。我从没告诉“谷歌即时”珍要来拜访我或者她的航班信息（因为我根本就不知道），但谷歌却知道。或许是因为珍用了谷歌邮箱或日程表，而且莫名其妙地把我加入了她的旅行（或者只是谷歌自己猜的！），并认为如果告诉我珍的航班信息，我或许会深受触动。的确，这事真是够触动我的！

当我意识到我已被谷歌完全掌控，而他们也不介意我是否清楚这一点时，我感到有些恶心。

如果这件事并不使你感到紧张的话，或许澳大利亚的史蒂夫·布雷迪的评论会产生一些效果：

我从Google+上认识了一个朋友。尽管住在不同的城市，但我们通过Google+和谷歌聊天经常保持联系。最近她来看过我，上周末我去拜访了她。

当我在她家查看“谷歌即时”时，它给了我几个陌生地址的路线，你可以想象当时我有多吃惊。这位朋友告诉我这些地址里有她的工作地点和最近拜访过的朋友的地址。

对于谷歌把关于她行踪的个人信息分享给外人这件事，她感到有些不安。很明显谷歌认为我们之间的关系足够亲密所以我应该知道这些信息。

要知道，在社交媒体上主动表明感情状态是一回事，而让谷歌来决定我是否处在一段恋爱关系当中则是另一回事。很明显事情就这么发生了。谷歌判断我和卡斯的交往已经达到恋爱程度，因此开始给我发送那些信息。

如果是这样的话，我估计它会开始为我们策划婚礼了。没准哪天早上醒来我就会发现日程已经安排好，已经预订了场地、餐饮并邀请了宾客。接下来“谷歌即时”会建议我们给孩子起什么名字。

在这两个案例中，人们都在不知情的情况下被软件划定了他们与旁人的关系。PCA在没有获得允许的情况下就开始分享私人信息。

对我们来说这不仅极其草率，还潜藏着很大的危险。

谷歌要记住的是人们更愿行使选择的权利。历史上有很多骇人听闻的故事都是因为错误地假设人们之间的联系造成的，正像美国人从20世纪50年代麦卡锡时代所认识到的。目前，美国设有海外情报监视法庭（美国国会通过了海外情报监听法）。没人知道它的功能，但有越来越多的证据显示，它允许国家安全局秘密监视那些与恐怖分子嫌疑犯哪怕是有一丁点关联的美国公民。

场景有时会迷失自我。比如说，在谢尔·伊斯雷尔和罗伯特·斯考伯出版《财富博客》一书后，伊斯雷尔每次在谷歌邮箱网页上谈到该书时，都会看见“维多利亚的秘密”这一内衣品牌的广告。这在当时挺有趣，但如果系统假定他对女性内衣有特殊兴趣的话就可能会造成负面影响。

PCA在节省时间和精力方面有很大的潜力，但它应该允许用户检查并修改系统自己产生的错误假设。如果“谷歌即时”想成为它所希望的一站式互联网服务商，就需要给用户更多的控制权。

客服PCA

新技术和优质客服长久以来就自相矛盾。良好的服务可以提高客户的满意度、信赖度，以及产品的知名度，但同时会减少利润。聘请训练有素且能够耐心解决问题的专业人员又需要很高的人工成本。

互联网的发展为大公司提供了多种客服替代方案：外包、客户论坛、常见问题解答、在线自动化辅助设备或者是由未经训练且报酬极低的客服人员来提供错误的解答。伊斯雷尔曾经和一个自称从未去过机场的美联航客服代表在电话里吵了起来。

很少有客户会选择上述这些服务选项。我们既不希望被转接至自动语音服务系统，也不希望在等待了20分钟之后才联系上一位客服人员，而这些人所接受的培训是：用最快的方式让客户挂断电话。我们所需要的是一位富有同情心的客服人员，能够理解我们的问题并快速简洁地提供解决方案。

就在我们打算对这一话题表示绝望，甘心一辈子接受这种中庸的服务时，我们遇见了Lola。

Lola服务周到，有敏锐的洞察力且行事准确。“她”热情地帮我们解决问题，而且随叫随到。Lola是首款客服PCA，是一款由斯坦福国际研究所为西班牙对外银行（BBVA）设计研发的精细的语音互动软件。总部设在马德里的BBVA在欧盟、美国和拉丁美洲都有业务。

2013年3月我们见到Lola时，“她”的良好表现使我们重拾信心，因为技术可以做到切实帮助不满意的客户而不是仅仅用来保护公司远离客户。

斯坦福国际研究所信息和计算机科学部门的负责人比尔·马克告诉我们，真正的挑战在于让Lola明白每个用户的意图，并以此做出适当的行为。比如是回答用户的问题还是从用户的活期存款账户转账来支付按揭贷款。一个重要因素在于人们希望客服能够记住他们之前所提到的内容，并能够理解日常用语的细微差别和不准确之处。这对于电脑技术来说非常困难，因为电脑技术极其富有逻辑性而且从不依靠直觉。

Lola能够适应话题的改变，比如用户将话题从查询余额转换到了付款。“她”还能以不可思议的准确度来理解用户的意图。

“要做到这一点非常困难。Lola必须推断出要做什么，并知道在银行联机系统上如何操作。这些都是艰难的挑战。”马克告诉我们。

斯坦福国际研究所的高级计算机科学家迈克尔·沃尔弗顿博士对Lola进行了测试，他在其中扮演一位银行客户。沃尔弗顿用一个简单句式向Lola发出了请求，Lola为他建立了一个每月按揭自动还款账户。沃尔弗顿要求Lola查询一笔“大约14美元”的款项，Lola把数字理解成了“4”。而一旦Lola犯了错误，后台会有专人监控对话并在必要的时候出现以提供帮助。

我们对Lola的纠错能力印象深刻。沃尔弗顿故意纠正自己所说的话，Lola明白了他的意思，并告诉他无须像在网上银行填表出了错那样从头再来一遍。

作为一款软件，Lola不会像人那样容易注意力分散、疲劳或者出现情绪波动。人工智能帮助“她”在每次服务一个新客户时都变得更智能。

我们了解到Lola最终可以发展到能告知客户所犯的错误，提醒他们那些操作会造成银行收费，甚至可以提供储蓄技巧。

接待我们的斯坦福国际研究所负责风投的副总裁诺曼·维纳斯基强调说，该研究所拥有基础技术，并看到了将该技术应用于其他产业所存在的潜力。这也是我们所意识到的。

BBVA确实有位员工叫Lola。当这款PCA的研发人员做员工调查时，他们都对Lola的工作激情和积极性印象深刻，因此以她的形象创造了首款客服PCA。

有时人们会说，相比于机器代理，他们更喜欢人工服务。或许我们真正想要的是更好的服务，可以迅速且顺利地解决我们的问题和要求。过去，人们期望掌握电脑语言。而现在Lola似乎已经懂得了人类的语言，而且“她”还精通英语和西班牙语。

PCA作为我们最好的朋友已经准备好代表我们来展现一些不可思议的能力。场景技术的魔法和人们对隐私的保护——这二者间的冲突还将延续并出现在生活的各个方面。或许爆发这一冲突的最重要场所就是我们认为最为私密的地方：我们自己的家。

AGE OF CONTEXT

第10章

场景之家

当找回自我时，我渴望能待在家。

——玛雅·安吉罗

AGE OF CONTEXT

这句话最早出自桃乐茜，或许说得有些夸张，但确实没有一个地方比家好。家是你和你所爱的人的安全港，是你最私密的空间，是你保存宝贝和“破烂”的地方。

场景时代即将在很大程度上改变你的家。物联网将允许无生命物体之间进行沟通，也可以使它们通过移动设备与你进行交流。移动设备将管理你家中的一切事物，操作时也无须使用键盘这种又占地输入起来又麻烦的设备。送货上门服务会变得简单高效。

结果就是家会变得更加安全有保障。无论你在哪儿，位于场景之家的数以百计的传感器都会与你保持联系。从前门开始就会出现传感器的身影，在开门的时候就有多种选择。有些模式就是为了解锁，而有些则是居家管理系统的一部分。

Lockitron和Z-wave所生产的传感器门锁可以通过移动程序做出反应。很快它们便会认出你，当你到达前门时会为你开门，当你离开时自动锁门。它们目前的售价仅为150美元，而且我们确信价格还会降低。无钥匙门锁更加安全，根据警方日志，把备用钥匙放在门垫下或交给代为看管房屋的人有时会被坏人所利用。

无论你在哪里，都可以通过移动应用程序允许你所认可的人进入你家。如遇紧急情况，你也可以打开门让现场急救员进入，以免他们破门而入。

传感器窗户并不是什么新鲜产品。可粘贴报警传感器在家得宝的售价为每扇窗户30美元。该产品会变得更加小巧廉价，如同车窗一样，现在它可以被集成到窗框上。新产品的功能不仅仅是保护你的安全那么简单。

这些新款场景窗户能够察觉到室内外环境的变化。根据气象因素，窗户的颜色可以从透明变为半透明。如果需要日光时，玻璃会变得通透，如果需要私密时，则会变成镜面，无需百叶窗或窗帘。它可以减少25%的能源消耗。

智能玻璃可能很快就包含面部识别功能。在清晨看药品柜镜子时，它知道你是谁。当蓝牙牙刷扫描蛀牙时，你可以仔细察看显示在镜子上的信息，或者知道该吃什么药了。

全新的智能玻璃工业已经逐渐发展了十年之久。随着全球建筑工业的复苏，在北美洲、欧洲、亚洲和澳洲有数以千计的建筑物安装智能玻璃，这可以说明该技术正在被迅速普及。

作为专业玻璃和陶瓷制品的全球领导者，康宁制作了YouTube系列短片《由玻璃构成的一天》。在影片中，家中的每块玻璃都含有人工智能技术和传感器，从而形成一个无处不在的场景计算系统。在康宁看来，家就是一个大型计算机，每一块玻璃都是一个屏幕，你可以把这块屏幕上的图片拖到另一块屏幕上。例如，你可以通过手机查阅一条食谱，把所找到的结果拽到灶台旁的玻璃上方便你准备菜肴。如果你通过一块智能玻璃桌面进行视频聊天，你可以将画面滑动至电视屏幕且无须暂停通话。

窗户还将用作大尺寸触摸屏电脑或墙壁大小的电视。如果你在卧室里衣柜前拿起一件衣服，位于衣橱上的智能镜子将展示你穿上它的样子。镜子还能告诉你佩戴哪些饰品适合这件衣服。

康宁的理念同样可用于教室教学，孩子们使用基于智能玻璃的计算设备，老师们在智能玻璃板上展示奇妙的视觉资料，包括虚拟现实投影、视频和三维动画。YouTube视频把孩子们带入一场实地考察旅行，可以看到真实大小的霸王龙在红杉树林中咆哮。

我们希望如此好的教室视觉系统将很快实现，但现实却是大多数教室在技术方面要远远落后于如今孩子们在家中的水平。事实上，你可以认为有些孩子在网上所学到的知识要比在教室里多得多。

但康宁概念中有一条与现实非常接近。三星出品了一款桌面大小的触屏电脑，售价为8400美元。据报道，康宁正在研发一款46英寸的触摸屏显示器，可以在电脑、游戏机和高清电视三种模式之间切换。闲置不用时，该设备会变成一扇透明的窗户。

家用PCA

很多产品的设计理念都是打造场景之家，并使远程管理变得更简单。我们把它们称为家用PCA，因为很明显它们属于我们在第九章所介绍的PCA的一个子集。

其中最使人印象深刻的就是名为SmartThings的云计算平台，它利用移动应用程序和传感器来帮助你管理家中的门锁、照明、温度和电力系统。该系统会通知你家里的变化，如果发现问题会向你预警。

SmartThings的设计灵感来源于实际生活。创始人亚历克斯·霍金森表示他之所以研发这一平台是因为一天深夜在他和妻子回到位于科罗拉多的家中后，他们发现寒冷的天气导致家中的水管爆裂。

该智能系统能够明白你目前的活动状态。比如它看到你已经上床睡觉了，SmartThings便会帮你锁门关灯。作为一款开放式平台，该公司希望SmartThings不仅可以从自家研发的应用程序，也可以通过第三方软件对功能进行提升。

位于奥斯汀的WigWag是一家类似的家用PCA生产商，公司成立的年限比SmartThings还要短。当我们于2013年6月采访公司创始人兼首席执行官艾德·亨普希尔时，他正在为Kickstarter筹资，Kickstarter是一家由大众融资的流行网站。

WigWag同样是一款开放式平台，运行和SmartThings相类似的任务。与之不同的是，WigWag安装在每个房间里的传感器单元，能够察觉意想不到的变化，比如平台上的动静或花园里的霜冻，并通过短信向你预警。它同样会告诉你的移动应用程序何时该远程调节灯光和电器。

亨普希尔认为WigWag在易用性方面保持领先：任何家庭成员（甚至是孩子）或客人都无须特别指导就可以运用WigWag。

CubeSensors的工作原理则有些不同。它是一款由电池供电的两平方英尺大小的传感器盒子，CubeSensors更像一个PCA环境监视器。测量包括噪声、污染、光线和湿度等可以造成身体不适的无形因素。传感器把数据传输至云计算应用程序来进行分析，给出调整建议或发送危险警报，比如一氧化碳含量超标。

在美国每年一氧化碳中毒会伤及两万人，并导致五百人死亡。CubeSensors的设计理念就是用来防止这些惨剧的发生。

场景电视

我们的家也许在变得愈发智能，但我们每天经常做的一件事却使我们变得头脑简单。美国人平均每月花费在看电视上的时间为160小时，其中的大多数节目都是庸俗的文娱节目。

但随着电脑和电视的结合，我们可以通过屏幕观看我们想看的内容，而不用考虑信息的来源。

具有讽刺意味的是，这些年电脑变得越来越小巧简便且廉价，而电视的尺寸越来越大，功能越来越复杂，而且售价也水涨船高。我们相信电视要比计算机工作站的线路更加复杂，前提是你还有计算机工作站。我们确信如果你要查询一个节目的播出时间，在网上导航要比用电视频道指南简单得多。

对多数人来说，要想从上百个频道的上千个节目中找到自己所钟爱的节目内容是一件令人泄气的事情。在找到自己所喜爱的节目前，我们不得不过滤掉大量的无聊内容。所以大多数情况下，我们坚持看同样的节目。

随着场景技术和设备的升级，我们发现有大量的应用程序可以帮助你追踪你所期望看到的内容。以下是我们所欣赏的三款：

iPad应用程序NextGuide拥有数以百万计的用户。它会记住每位用户在家中所喜欢的电视节目。比如说你喜欢看布拉德·皮特的电影，即使它知道你不喜欢看脱口秀，但当皮特参加这类节目时它也会告诉你。它同样会在你所选定的Facebook朋友中自动分享你所喜欢的内容。

你也可以选择不公开这些内容，这样就没人知道你私底下喜欢看美剧《军嫂》了。在这个个人隐私受到挑战的时代，我们深深地感到应该有更多的类似于NextGuide的产品，使你有权决定是否分享个人观点。我们会在第十二章对隐私权进行深入的探讨。

作为全球最大的有线系统公司，Comcast推出了下一代平台X1，允许你通过手机对有线娱乐节目进行语音控制。它将机顶盒功能转至了云系统。这将使下载速度翻倍，而且允许系统存储用户偏好数据。只要你说出演员、团队或节目的名字，新的语音识别搜索功能可以帮你找到与场景相符合的结果。

iPad 应用程序Vidora则直接免去了人们对机顶盒的需求。它可以很轻松地找到我们所喜欢的内容，这一点看上去非常重要。Vidora通过学习你所看的内容会建议你欣赏一些你可能喜欢的新节目。

人性化手势控制技术

Movea是手势控制技术的领导者，该技术被广泛应用于体育和健身设备。它同样为智能手机的内部地图提供技术。为了这样做它需要知道的不仅是你要去哪里，还要知道你是否在自动扶梯或你面前的金属物质是不是火车轨道。它同样为电视受众提供了一个操作该系统的全新方式。

作为一家原始设备制造商，Movea把MoveaTV技术授权给了三星、飞利浦等主流高清电视品牌，可以像操作Wii或者任天堂游戏机那样用遥控器来操纵电视机。它同样是Comcast X1机顶盒的一部分。

Movea市场总监戴夫·罗滕伯格表示，手势可以更简便快速且自然地用于操作。由于Movea被集成于其他设备之上，你便可以在电视上玩体感游戏，相当于节省了购买游戏机的300美元。

据罗滕伯格介绍，有数以千万计的家用系统已经使用了Movea的手势控制技术。截至2013年中，法国通信业巨头Orange已经投放了一亿部相关产品。

罗滕伯格认为试用过的用户通常认为手势控制技术要优于其他技术。飞利浦最近对200个丹麦家庭做了研究，手势控制技术引起了人们对优质节目付费订阅的急剧增长——这是内容供应商的终极目标。

Movea可以学习手势的细微差别并适应这些手势，随着时间的推移它可以很快地知道你的目的。它同样知道不同家庭成员的使用习惯。

谈到物联网时，罗滕伯格表示Movea想要把遥控器与其他家用产品相连。比如，MoveaTV可以在节目插播商业广告时为你加热微波炉爆米花。

Movea还推出了MoveaMobile，可以用手势来操作电脑或其他家用电器，比如开灯、打开水龙头或洗碗机。

关注手势控制技术的公司不止Movea一家。随着我们走进场景时代，相比于语音和手势输入，键盘的地位在逐渐下降。

Leap Motion也是一家在研发手势控制技术方面具有发展潜力的创新公司，它所生产的一款小巧触摸板使你可以在台式电脑上通过手势做各种事情，包括制图、游戏、手写输入、绘画、地图导航、缩放照片等等。

手势控制技术由来已久。可以追溯至20世纪80年代任天堂所推出的笨拙且命运多舛的Power Glove。目前最先进的手势控制技术是微软Xbox One的Kinect，一款价值500美元的游戏机平台，它所使用的传感器可以通过测量心跳来确定玩家的兴奋程度。

微软通过非官方渠道表示Kinect在家用方面的未来要超出它在Xbox游戏平台的用途。微软最近又推出了一款Skype版本的Xbox。我们认为，Kinect作为一款手势控制技术PCA是指日可待的。或许有一天它将与你的家庭机器人相连接。

微软最近推出了几款有趣的用户应用程序，Blink便是其中一款，作为Windows的一个特色，它可以帮你在连拍视频短片时减少快门次数。你可以自己选择所喜欢的内容，并在社交媒体上与好友分享。

由Thalmic Labs生产的MYO也给我们留下深刻印象，Thalmic Labs是一家位于安大略省的新创公司。MYO是一个套在你前臂上的环状物，读取肌肉的电流活动，用户可以通过电脑来操控各种活动。

一段YouTube视频显示有人动动手指MYO便开始播放iTunes音乐、导航滑雪道，并玩各种游戏。一个孩子用手势来移动一个小球，一个成年人用手势使一个物体在空中盘旋。最有趣的是一位军方人士用手势遥控一辆微型无人驾驶车。

2013年7月在我们撰写本章时，MYO还没有推出产品，但产品订单已经延续到了2014年。

一键式送货

我们从未想到在寻找现代场景之家的元素时会使我们注意到位于迪拜一家比萨店的场景冰箱贴。但这正是我们在Red Tomato Pizza上所发现的内容。

这里指的是Red Tomato VIP冰箱贴，一款外形为比萨盒的塑料装置。当打开盒盖按下按钮时，你就自动预订了你最喜欢的比萨。一条短信会确认你的订单并告诉你预计的送货时间。

我们并不建议，如果你住在得梅因（美国艾奥瓦州的首府）也要从迪拜预订比萨，但我们可以预料的是这种一键式订购将会是场景之家生活的重要组成部分。

商业服务送货上门是我们所钟爱的一种趋势。就像Uber租车一样，Red Tomato Pizza会找到你。这种商业模式运用存储数据来实现个性化商业交易，方便客户改变他们的想法。通过移动应用程序用户可以追踪送货进程并通过登记信用卡信息来简化付费过程。

类似的服务还有很多，包括eBay Now和Amazon Local都即将推出相关服务。很快，在超市、干洗店和其他商业领域的最聪明的经营者都会提供送货上门服务。

连接万物

我们之前谈到过物联网。我们相信物联网的重要组成部分会在家中得以体现。家中任何带有开关的物品以及玻璃制品都会互相连接。无处不在的传感器以及你家的前门也是构成物联网的一部分。

通过某种形式的PCA，无论你在哪儿，家中的物品都将与你进行沟通。它们还将与应急服务、公用事业和整个物联网相连。

无论在哪儿我们都会发现有公司在打造新的场景家庭。贝尔金和飞利浦正致力于将他们所生产的多种家用产品与其他固定装置和设备进行交流。

Nest恒温器是最早的一批物联网设备之一，它会记忆你所设定的温度，并在你离开房间时自动关闭，这通常会节省一大笔费用。PintoFeed可以使你远程给宠物喂食，查看它们是否健康和正确地饮食。

场景基础设施的建立将容纳所有这些看似平凡但又有用的相互连接的物品。价值30美元的贝尔金的Conserve浪涌电压保护器与其他同类产品一样在超市有售。它有一个遥控开关方便你同时关闭六个插电式设备，消除“幻想电力”现象，从而每月节省10%的电费。

汤姆·拉夫特里是我们所中意的环境类博客GreenMonk的博主，他告诉我们贝尔金的WeMo通过Wi-Fi把电源插座、运动传感器、婴儿监视器和网络摄影机相连。通过WeMo的移动应用程序你可以控制电器的开关，查看婴儿的情况，甚至通过网络摄像头确认老人的健康状况。

拉夫特里还介绍了贝尔金的Echo传感器设备用于查看水、电和天然气等设备，该产品将于2014年或2015年上市。这些不显眼的小附件将帮助主人分析汇报使用情况。

Eco传感器节水龙头的工作原理类似公共卫生间的自动出水水龙头。这样就不用担心孩子们洗手后忘了关水龙头，该产品同样适用于那些患有关节炎或者老年痴呆症的人士。

飞利浦正在研制一次性传感器来检测冰箱中的变质食物，或者告诉你何时该清洗地毯、毛巾或衣物。

通用电气的Grid IQ是一款在社交媒体中搜寻有价值信息的“具有悟性的工具”，它可以收集任何提及电力中断的地理标签，这使得公共事业公司能够做出更快的反应。数据汇集到地图上，根据不同模式向工作人员和现场急救员预警停电、洪水、龙卷风或是火灾。

这样的智能电网能否防止类似于2013年6月的亚利桑那州森林火灾那样的灾难呢？那场大火夺去了19位消防员的生命。或许还不能，但它一直在朝这个方向努力。

家庭机器人助手

有一类个人家庭助理来自科幻小说，或许还有些令人不安。

机器人很早就在书中或电影里出现。最近它们开始被用于自动化工厂从事最单调乏味的工作，或者从事一些最危险的应急工作，比如拆卸炸弹。如今机器人又出现在家中。在亚洲的富人圈里机器人被视为新奇的产物。

在印度，上流社会的一些人士选择使用机器人女佣。深受该国精英人士喜爱的《印度时报》声称这是因为机器人不会像人那样容易发脾气。我们则怀疑是因为机器人同样能够忍受爱发脾气的主人。

在日本，研究人员正在研发一款家用机器人助理。通过处理能力和复杂的传感器它可以看到三维物体，它可以处理复杂的杂务，比如熨衣服和洗碗。

在即将到来的场景时代，我们同设备的关系将变得与众不同。和移动设备交谈是一个层面，而在家中被机器人所问候，并让它们为你拿大衣和拖鞋则会将生活服务提高到一个新的境界。

没有地方比场景之家好。家中的水龙头和恒温器会给我们发送信息；移动应用会给家中的智能镜子发送建议……但这些都是有用的消息，是由知道我们需求的设备所发送的。

与之形成鲜明对比的就是，我们每天都会收到无处不在的销售信息，这些通常与我们所需要的信息、地点或活动无关。

当然我们指的是直销与广告产业。

AGE OF CONTEXT

第11章 精确营销

在广告的世界里不存在谎言，只有权宜的夸张。

——罗杰·桑希尔《西北偏北》

AGE OF CONTEXT

有时营销就像魔法，它能够抓住你的梦想，把你带进想象的世界。通常情况下，它更像是猫猫大战的噪声，扰乱了平静的生活并使你疲惫不堪。营销和广告所传递的噪声要远大于信号。看起来我们中的大多数人都希望远离营销和广告。尽管电视和软件过滤器具有静音和快放功能，但这些庸俗的内容依旧挥之不去。

营销曾经是关于公司如何与客户和潜在顾客建立关系，品牌是关于如何建立情感依附。现在看来主要是关于金钱，很多很多的钱。我们并不挑剔公司以营利为目的。为了促进图书销售，我们也会做一些营销。

如果有方法可以使营销与我们的需求相关，我们愿意接受那些抛出橄榄枝的公司。我们甚至可能自愿成为用户支持者，为公司及其产品进行口碑式宣传。

我们相信这样的改变会发生在即将到来的场景时代，那时最为明智前瞻的公司会使用场景五力向客户发送信息。其结果是不但降低了营销成本，还大大提高了响应速度。

场景将根据我们所在地点、时间、季节和意图向我们发送信息。我们相信这将大大提高响应速度，因为定制化的信息将更适合接收者。当我们饥肠辘辘时，一条附近餐厅打折的广告将很有可能使我们前去就餐。

很遗憾，我们无法承诺立刻摆脱那些无聊的营销。我们认为这些恼人的事情会在未来十年左右逐渐减少。我们迫不及待，希望在传感器药片取代结肠镜检查的时候就可以避开这些漫无目的的信息。

作为用户，我们将在很大程度上控制谁能给我们发送信息。通过主题、来源和当时的心情，我们能够过滤那些不想要的信息。

2%的好评率

如果多数人在大部分时间都厌恶大部分的营销行为，那么为什么还有这么多铺天盖地的广告呢？谢尔·伊斯雷尔在1995年任职于一家大型公关公司时就知道了这个问题的答案。当时的电信公司MCI是他的客户。为了推广折扣电话服务，该公司要求客服中心雇员在别人家吃晚饭的时间进行电话营销。

伊斯雷尔告诉他的客户每次在谈话中涉及MCI公司，人们便会发怒，因为他们厌恶这些恼人的电话。客户也对他吐露表示有类似的经历。有时情况过于糟糕，他不得不避而不谈为谁工作。

伊斯雷尔问他为什么不停止这种做法。那个客户怀疑地看着他。“你疯了吗？”他说，“我们在全国的好评率为2%，在农村地区和城市少数民族居住地区的好评率为3%呢。”

“那98%的人都讨厌你们的来电怎么办？”伊斯雷尔问道。

“去他们的，”他回答，“有这2%我们就发财了。”

这就是统计学上的悖论：至少有98%的广告和营销信息被忽略或引起反感，但只要有0.5%的好评率，这样的努力就没有白费，如果好评率超过了2%就会为营销带来直接的收益，事实也经常如此。

所以当某人发送出1000万封电子邮件时（这种情况也很常见），他并不在乎那980万人是否忽视或厌烦该邮件。

直销者希望通过互联网而不是广播电视来获得这2%的好评率，因为互联网的成本更低。实际上，网上直销的成本非常低，一个令人讨厌的营销人员只须花500美元便可发送1000万封电子邮件。只需69美元，就可以从另外一个网上直销者那里购买一个软件机器人，仅仅几秒钟便可发送上千万封电子邮件。当然如此粗糙的做法可能会导致更低的好评率，但只要营销人员持续不断地发送信息就会获得足够高的好评率。

就这样，我们接受了治疗，在10天里瘦了10磅，或者通过收购被没收的房屋而大赚一笔，或者通过我们的银行账户为某位埃塞俄比亚继承人洗钱而赚到了数百万美元的佣金。“就是这么容易。”那位营销人员承诺说，对他们来说就是这么容易。

多数人会把这些虚假信息归类为垃圾邮件。谷歌开始使用场景过滤器来对付垃圾邮件。虽然电子邮件方面有些好转，但坏人们又盯上了新的目标，包括Facebook、Twitter等社交网络。

这就如同冷战一样。用来规避直销信息的工具做得越完善，营销人员越会找到更多的新方式来入侵我们的私人空间。

假场景

你也许听说过“场景广告”。它始于谷歌于2003年所引进的广告联盟网络。谷歌的网络搜索器开始浏览数以千万计的网页内容，通过搜索关键字将广告与内容相匹配，场景广告由此而生。

举个例子，假设你搜索去毛伊岛（夏威夷群岛中的第二大岛）的航班，你可能会收到一条优惠住宿的广告。然而，如果在你回家后查看你在岛上所发现的小商店的名字时，你可能会看到同样的优惠信息。在第一种情况下这条广告有意义，而在第二种情况下则变得毫无价值。

有时这样的广告不仅毫无价值，甚至是让人无语。科技作家和记者史蒂芬·列维发Twitter说：“2013年6月一架飞机于旧金山国际机场坠毁时，一条Expedia公司的广告突然弹出说‘鼓励我坐飞机去某地度假’。”如此失礼的行为并不少见，而且通常会给人以长久的负面印象，而实际上这些人正是广告商所希望吸引的受众。

有时广告会适时地出现，但就是不知道该何时消失。当伊斯雷尔发博客询问购买新冰箱的建议时，朋友表示KitchenAid是个不错的选择，他几乎立刻收到了一条清仓抛售型号的广告，而且价格很诱人。5年后，他所浏览过的网页依旧发布有关冰箱、洗碗机、烤箱和各式各样厨房电器的广告，只是这些产品都已停产。

简而言之，我们并不认为谷歌所发布的是场景广告。该广告系统缺乏个人模式，它不仅没有时间观念，也不明白弹出广告的时候我们在做什么或者我们在哪儿。

这样的广告系统无法分辨我们是渴是饿，是冷还是寂寞。它不知道我们的意图。如果营销信息所注重的不是吸引我们的眼球，而是在场景时代下日益重要的意图和直接环境的话，其效果要比现在好得多。

意向经济

塞尔斯博士是《线车宣言》这一开创性书籍的合著者，他于2012年出版了新书《意向经济》。该书建议将市场控制权从卖方手里夺回并交给买方。

当你想去意大利时，你在网上表明你的意向。接着你将收到包括航空公司、酒店、餐厅、博物馆和景点方面的报价。一旦你做好了决定，后续的市场报价都会戛然而止。

塞尔斯描述说，这一机制还有很多变数，我们认为随着时间的发展它会变得实用且精确，这一理念具有优点。

一些公司已经创立了在线市场让买家来管理。你可以在Priceline.com上发布关于你的行程和愿意支付费用的信息，多个销售商会为你提供报价。CrowdSPRING也建立了类似的平面设计市场。

我们认为塞尔斯试图要把所有控制权都给予买家的做法有些过，市场需要一定的妥协才能以最佳方式运转。如今的卖方在与买方交流时可以采用令人愉悦的方法来获利。

我们希望在场景时代下，意向经济将发展成市场的重要因素，并希望这一演变将很快进行。第二个因素便是卖方需要根据每位客户的需求提供高度个性化的产品或服务。

一对一销售

20世纪50年代，伊斯雷尔的父亲巴尼·伊斯雷尔是一位挨家挨户推销产品的推销员，这一职业在当时那个简单年代很常见。他敲开陌生人家的门，展示所销售产品的样品。

有时一个潜在的客户并不对他所推销的产品感兴趣，但表示想买其他商品。巴尼·伊斯雷尔便会四处寻找并购买该商品，稍后他会返回并找到那位潜在客户以稍高的价格卖出。他这么做并不是为了挣钱，而是想培养客户的忠诚度。

这就是一对一销售的最简形式。巴尼·伊斯雷尔的做法并不高效也无法被推广，但它证明了至关重要的前提：掌握客户的需求并率先满足这一需求。换一个角度看就是，把你的业务提供给客户而不是让他们来找你要。

放到网上

1993年唐·佩珀斯和玛莎·罗杰斯出版了《一对一未来》一书，阐述如何将营销重点从产品转移至客户。该书最早提出了个性化营销的理念。

这一革命性的营销方法发展成了客户关系管理——一种建立品牌忠诚度的有力手段。当它于1999年成形时，salesforce.com将客户关系管理服务全部基于云计算并区别于其他竞争对手。它获得了极大的成功。

随着社交媒体的发展，salesforce.com通过与客户进行对话将销售变得更加高效。我们在《财富博客》一书中提到的“信息兜售”转变成了互动对话，即“社交客户关系管理”——一种将企业带入真正场景营销的现象。社交客户关系管理允许公司和客户共同探讨产品、扶持政策和其他话题。

社交客户关系管理和在线社区在提高公司与客户的理解与信任方面做出了很大贡献。多数公司会指派一名雇员通过在线社区帮助客户找到他们的需求。成功的客户关系经理从不代表雇主传播消息。公司的客户、分析师、媒体、投资者和未来雇员形成了一个明智的团体，互相帮助。他们工作迅速且充满热情，公司也因此节省了资源。

社交客户关系管理是巴尼·伊斯雷尔一对一营销的增强模式。它允许全球公司利用互联网极大地扩展个性化营销。这些在线社区建立了一个市场，这个市场至少在一个要点上符合塞尔斯的设想：客户需要去一个地方来表明他们的需求。

我们的设想也包含这一点，但我们认为场景时代的市场将相当高效以至买方无须去特别的地方或者表明他们的意图。当场景五力表明顾客对某一产品或服务感兴趣时，卖方将找到他们。

我们称之为“精确营销”。

调整归零

精确营销指的是卖方根据你所在位置和当前行为提供商品和服务，并预测你接下来要做什么。卖方须通过精确的预测来进行商业竞争。当你的场景发生变化时，营销人员要知道何时停止推销。

我们此前讲述过一个精确营销的例子。还记得吉列体育场的场景啤酒销售吗？新英格兰爱国者队利用移动技术及时提供顾客所需的产品，而且整个过程要比以前方便得多。

爱国者队知道最佳客户的模式并能预测他们接下来可能会做什么。爱国者队并不会向7万名球迷发送同样的信息，而是对那些少数死忠球迷进行精确营销，而且他们很有可能购买相关产品。为特定球迷所准备的服务并不会干涉那些不感兴趣的球迷。

精确营销策略颠覆了传统的大众营销原则。不同于花更多的钱去顾及更多的人，精确营销帮助卖方用较少的钱来影响较少的人，但却能实现更好的反响率。

爱国者队的项目刚刚开始，也没向我们透露他们的长期策略，但我们对此有自己的理念。比如，我们看到向其他场馆球迷促销的巨大商机。

2014年爱国者队将统计最佳球迷的数据，研究他们在何时购买了什么。很多顾客在相同时间也会购买同样的食物。

让我们假设是芝士汉堡和啤酒套餐，最佳球迷可以在中场休息前15分钟通过手机应用程序进行预订，并于休息的前三分钟通过绿色通道取餐。但有一周，爱国者队向其中的50～100名最佳球迷在中场休息前一小时发送了特别优惠：在俱乐部的预订餐桌上享用一瓶皮诺葡萄酒和一份牛排，并享受六折优惠。

随着受邀球迷抵达就餐区，员工通过在线照片认出并叫出了他们的名字，引导他们来到一个精致的餐桌前，桌上已经备好了皮诺葡萄酒，刚出锅的牛排也于稍后上桌。

在这些幸运球迷享用完美餐离开后，他们的桌子被布置一新迎接另外一批球迷，他们收到了同样的优惠信息只是时间段稍晚一些。或许，这当中的一半球迷会成为这家俱乐部的常客。这一方法适用于其他NFL场馆，随着时间的推移这将促进增量收入的小幅增长。

正如午夜专题广告片的台词所说的那样："等等，还有更多。"同样是个比赛日，一个在排长队买啤酒的普通球迷发现了快速通道，并在Facebook上表示了羡慕。几分钟后，这位球迷便收到了来自球队的一条信息，赠送给他下次看球使用快速通道的权利和折扣。

这样爱国者队便开始了升级球迷的供应链，增加了球迷忠诚度和球场收入。由于他们做事高效，唯一的成本就是对这些新的最佳球迷所享用第一餐的折扣。

正如我们在第三章所谈及的零售业，这样的服务有可能推广至专业篮球、棒球、足球、冰球和摔跤场馆，以及音乐厅、影剧院和赛车场。过不了多久，这一模式会遍及全球的重大活动。一旦开启这一模式便会迅速推广。

如果把这一优惠放在电视广告上，让一位已经发福的退役球员邀请人们在下次比赛时到吉列球馆俱乐部用餐，或者把这一优惠刊登在《波士顿凤凰报》上。如果对营销影响力和有效性进行对比，哪种模式更有可能吸引客户？哪种模式更能增加客户的忠诚度？

精确营销并不会取代大众营销，但将从中分一杯羹。随着时间的推移，新方式将壮大而老方法会萎缩。最初，传统营销人员会对精确营销表示不屑，认为它只会赚取蝇头小利。然后他们会对精确营销表示愤怒，因为它抢走了客户以及相关收入。再然后传统营销人员将尝试适应精确营销，但为时已晚。

一对一新模式

许多以消费者为导向的机构把IT运营的功能分离，这给精确营销的成功造成了很大的障碍。罗伯特·斯考伯所钟爱的丽嘉酒店的餐饮、前台、高尔夫/活动、会议四大部门的内部IT系统就互不相连。如果你预订了晚餐，餐厅便无须给你提供特别优惠因为你已经表示要来消费。如果你是常客，领班会在你就座时送上你最喜欢的饮料，或者送上你在Yelp（美国最大点评网站）上所心仪的巧克力蛋奶酥。

但如果这四大部门互相连接并分享数据的话，丽嘉酒店能给你提供更多的服务。水疗和高尔夫球场可以吸引你早来一会儿。在打完高尔夫后，预订处会为你提供一个免费的更衣室，让你知道这些房间有多么舒适。然后他们会以半价的优惠来吸引你在酒店过夜，酒店知道这间房间肯定会空出来。如果从你的房间的窗外看到海面上有鲸鱼的话，酒店还会给你提供一个乘坐当地观鲸游艇的特别优惠。为了乘船出海，你可能会从酒店的商店里购买打折风衣。

酒店可以通过多种方式个性化你的到访。晚餐预订被视为是你希望重温或与朋友分享的难忘一刻。IT系统需要在这一场景发生前进行沟通，酒店需要利用场景五力来跨进场景时代，通过对顾客和潜在顾客的充分了解来制订个性化服务和优惠策略。

什么动力才会使丽嘉酒店接受这样的精确营销呢？该知名酒店已经度过

了最近的经济困难时期且毫发未损。我们猜测，如果有一家挑战者使用了这一新方法与根深蒂固的市场领袖竞争的话，丽嘉酒店便会寻求改变。但那时丽嘉酒店就不得不模仿别人的道路，或者被后面的竞争者所超越。

消除监视器

多年来，在线营销人员一直在使用一款名为“cookie”的诡秘的小型软件来监视你。当你在一个网站注册时，销售商便悄悄地在你的电脑上安装一个cookie，它收集关于你的数据，并在你下次登录网站时通知销售商。

不是所有的cookie都不好。它们帮助网站问候你并记住你的购买历史。销售商知道你的登录频率以及你上次离开网站什么都没买的可能原因。

很多用户并不介意这些。他们所在意的是cookie让人觉得鬼鬼祟祟。多数网站在不询问你的情况下就向你的电脑植入cookie。网站上几乎没人阅读的《使用条款》和《隐私策略》中会提到如果使用此网站你便授权允许在你的机器上安装cookie。我们猜想，这是因为如果直接询问，很多用户都会拒绝。

我们更希望销售商能够尊重用户的选择权。场景技术不使用cookie，多数智能手机的应用程序都会征求你的许可来推送消息或知晓你的位置。的确，很多用户还不知道这些请求的含意，但至少在进行营销前他们尝试获得允许。

只要愿意，用户有权关闭通知，而且这样做也非常简单。如果决定退出，没人会来打扰你，但如果选择加入，你可能会愈加发现所收到的信息非常有价值。

谷歌眼镜无需广告

到目前为止，我们主要通过手机和平板电脑来关注营销，经过几年的反复试验，Facebook等公司似乎终于想出了如何让移动广告来发挥作用。

就在广告商还努力在手机和平板电脑上做宣传时，新一代移动设备——穿戴设备即将到来，比如谷歌眼镜、Pebble智能手表甚至是电脑袜子。

这反而难为了广告商，因为这些新设备要么屏幕太小，要么就根本没有屏幕。

在创作本书时，谷歌暂时禁止在Google+、谷歌即时和谷歌眼镜上投放广告。但作为全球最大的在线广告平台，谷歌在场景时代下也得赚钱啊。

我们认为新形式的精确营销会是答案。它将会受到用户的欢迎，甚至说谷歌通过它所获得的利润要比投放广告多得多。

我们所想象的解决方案是以小额佣金的形式。谷歌眼镜不仅将知道你在哪儿，还知道你是在开车、步行还是骑行。了解你所处的场景，包括活动、位置、时间和天气都将在很大程度上影响你接下来要做什么或要买什么。

举个例子：

几年后的6月里一个炎热的中午，谷歌眼镜知道你已经骑了很长时间的车，现在树荫下休息。你问谷歌眼镜哪里可以喝点饮料（而不是现在的命令），它告诉你400米外有一家购物中心。那里有一家有机商店卖冰镇果汁饮料。当你进入这家店铺时，谷歌从你所购买的产品的价格中获得了少量提成。通过带来一位顾客谷歌获得了一份佣金。

让我们再回到路边的那棵树。现在是冬至，室外温度极低。一位雪地机动车驾驶员停下车问谷歌眼镜哪里可以喝点东西。这次谷歌眼镜介绍同样的购物中心里有个商店卖热巧克力，还有个店铺卖啤酒和爱尔兰咖啡。这位驾驶员做了个选择，谷歌因此得到了一小笔佣金。

这样的营销既提供了信息又非常有用。整个过程没有广告，店铺也很愿意为迎来一位真正的顾客而支付少量费用。

或许谷歌只把顾客带进店铺就可以获得一部分费用。技术界有个老的专利叫“按注视收费”的系统，如果谷歌选择使用这一方法，那它当然会比店铺还要高兴。无论哪种情况，用户都不用担心会收到来自旁边美甲店的大量垃圾广告。

类似的小额佣金系统适用于其他设备。将来，Fitbit可以通过检测血糖来判断你是不是饿了。它与移动设备进行沟通以了解时间、地点和你对食物的喜好。你不用做任何事，移动设备会提议附近几个吃饭的地方。只要你选择其中一家，销售商便会分给这两个设备提供商一小笔佣金。

这样的费用可能比较少，但最终每天的数量会很庞大。如果发生这种情况，广告商和营销人员所采用的大众营销方式会变得没什么意义，并最终会从营销组合策略中消失。

谷歌不会一家独大。至少在我们看来，它的一位老对手可能也会采取类似的小额佣金策略。

微软之顿悟

在佛教用语中，心灵之顿悟（satori）或者启迪是通往涅槃的第一步。作为一款杰出的用户技术，它很可能是微软复苏过程中的重要一步。

微软Satori是该公司多年来内部反思的结果。其目的是帮助使用微软设备和服务的用户，比如说找到合适的房间刷漆颜色，或者当他们在海滩上观察鲸鱼时了解它们的迁移模式。

Satori采用微软必应功能对10万亿个互联网网站进行搜索，并与Facebook、LinkedIn、Twitter和Foursquare等重要合作伙伴的数据相整合，来建立一份物质世界的数字拷贝。它将成为运行微软和合作伙伴应用程序的场景引擎。

Satori是一个野心勃勃的计划。通过利用海量的机器来进行学习，它正在尝试重新创造整个物质世界，包括其中的万物以及之间的关系。

当你和一个朋友在社交网络聊天谈到你俩该见面吃个饭时，在用户授权的情况下，Satori会找到一个你俩都有空的晚上，并根据当晚的交通预测信息，提议几家你们都比较方便前往的餐厅。

一旦你选好了时间，Satori将提供附近几家餐厅的竞争性报价来吸引你。

尽管微软并没有提及小额佣金的话题，但这似乎会成为全新收入模式顺理成章的一步，这一价值主张对微软Satori和谷歌眼镜都是好事。

或许微软也计划生产自己的数字眼镜。该公司最近重组为一家“提供设备和服务的公司”。有趣的是，软件似乎被放在了次要位置。

新组织使微软的结构更像它的主要竞争对手谷歌和苹果。很明显微软在目前的形势处于下风，但斯蒂芬·韦茨认为通过盟友和它自身重要的数据积累，微软要比其他公司更加理解现实生活中的人、地点和事物。Satori将会是最佳场景数据引擎。

Satori能否超越已经遥遥领先的对手呢？让我们拭目以待。我们认为只要有强者进行竞争，用户就会受益。谁能给用户以最佳且最相关的产品或服务，谁就最有可能成为这场持久战的最终赢家。

争取客户

“加一减一”是一个销售和市场用语，指的是当你获得一位客户时，你的竞争对手就会少一个客户。加州纳帕郡创业公司VinTank所建立的地理围栏葡萄酒厂和休闲目的地就是场景技术如何帮你实现加一减一策略的案例。当一家酒厂的高级客户开车路过竞争对手的品酒屋时，一个适时的优惠可能会抢走那位客户，这就如同Satori的竞争性报价那样。

同样的技术和策略可以用于很多方面。比如，如果你打算在诺德斯特姆公司买双鞋，布卢明代尔百货公司发现了你的意图并可能对你所中意的那双红色高跟鞋给出了更诱人的报价。

无论你是在走路、慢跑还是开车，移动应用程序Tagwhat允许销售商对你的业务进行竞争性报价，为你的活动、地点和时间提供相关信息。我们最喜欢的是Tagwhat的降噪过滤系统。你可以根据当时的心情或意图来控制想看到的内容。

如果你在购物中心闲逛，你可以了解到每家商铺为你所准备的特价优惠。但如果你所关注的是附近俱乐部的夜生活，你可以过滤掉之前那些零售报价，只显示乐队演出信息。和其他场景应用程序一样，Tagwhat将逐渐了解你的品位。

这些过滤系统非常重要。如果没有它们，那就像在一个喧闹的夜晚走进了时代广场，信息从四面八方把你包围。你很可能会招架不住并退到了一个较为清静的街区。

通过Facebook等其他社交网络平台，Tagwhat允许你看到或听到你所信任的人的评价，帮助你做出决定。

作为一家新创公司Tagwhat可能会在盈利前就被其他公司所收购。但如果可以做出选择，我们认为广告可能会毁了该产品，就如同广告会毁了谷歌眼镜一样。

我们认为小额佣金策略是两家公司的未来。作为获利方式，小额佣金可以瓦解甚至消灭最为乏味的销售模式。这一转变对买卖双方都是件好事。

阴暗面

我们很乐意做出这样的预测，场景技术将引领一个令人惊叹的时代，不需要的信息会消失得无影无踪，所有的应用程序都被设计成扩展用户的选择。可惜，并不是所有的场景销售都是按你的愿望设计的。

最近被Telenav收购的ThinkNear是一家路线规划服务商，当你距离商铺100米时允许商家向你发送广告。该服务没有过滤器。

2013年8月的一天，斯考伯拜访了硅谷历史最悠久的研究中心帕洛阿尔托研究中心（PARC），他见识了一些有前景的技术。其中一个领域叫作场景智能。我们此前在斯坦福国际研究所也看到了类似技术，通过利用场景技术来判断使用者的心情，研究者利用它来判断处境艰难的老兵是否会有自杀倾向。

PARC的研究小组正致力于把该技术用于更多的商业目的。该系统将利用手机传感器来判断你的心情，再把这些信息反馈给营销人员和雇主。

PARC所注重的是技术而不是应用程序，但当我们想到场景智能时，我们所担心的是在没有获得用户许可或不知情的情况下如何使用这一新技术。

在批评了一位员工后，雇主通过该技术查看这是否影响了员工的心情或造成沮丧，这样做可以吗？即使你不想别人知道你当时的心情，营销人员依旧根据你的心情向你提供了优惠消息，这样做可以吗？

说实话，我们不知道该如何防范这一点。这样的情绪探测将会重蹈20世纪50年代的销售惯例。正如万斯·帕卡德在《隐形的说客》一书中所描述的那样，广告商知道要想卖给一个年轻男子一辆红色的敞篷车，最好的办法就是让一个美女坐在副驾驶位上。

通观本书，我们所关注的是场景时代下所带来利益和负面问题的平衡。或许最为复杂、最具争议且有时最不稳定的负面因素就是用户隐私权的问题。

AGE OF CONTEXT

第12章

信任是新型货币

无论如何你已经没有隐私可言。接受这一事实吧。

——斯科特·麦克尼利（升阳电脑联合创始人）

AGE OF CONTEXT

到目前为止，我们一直都在赞美新技术可以改善我们的家庭、健康、交通、通信、工作、生活和所居住的地球。场景技术正帮助我们探索外层空间和人体内部。通过与上百人的对话以及接触了上百种新技术，我们坚信场景技术将打造一个更加简单高效、清洁高产的世界。

然而，如果不指出获取这些好处的代价是牺牲我们的个人隐私权的话，那就是我们的过失。我们所接受的每一项新技术都需要我们去思考这一代价，以及是如何被索取的。我们认为有必要知晓要求我们提供数据的公司对数据都做了什么。

在斯科特·麦克尼利发表他的观点前，个人隐私的流失早就不是什么新鲜事了。早在家用电话时代，邻居可以通过“同线电话”在你不知情的情况下听到你在电话里的对话。你的社保号码曾经只有你、你的雇主和联邦政府三者知道。但现在为了获得一个有线电视账号，都要提供社保号码。存在网上的信用卡信息在不知情的情况下也被销售商所分享。当你点击“同意《使用条款协议》”时，你大概并不太了解这些法律术语所隐含的意思。

随着我们进入互联网时代，个人信息被利用的现象变本加厉。当我们在Facebook上发布在外度假的信息时，便给了盗贼一个下手的机会。意中人的照片可能会引来纠缠不休者。在场景时代，移动和穿戴设备记录着我们的一举一动，甚至包括我们睡眠时的信息。我们的隐私被暴露得更加彻底。

在开始创作此书时，我们还不能完全掌握隐私问题所涉及的人群范围。我们的目的是告诉你这些难以置信的新技术可以充分了解你，预测你接下来要做什么，并自动处理很多日常任务。但每写一章我们就会发现新的隐私问题，有些问题相当严重，无法被忽视。

在我们忙于研究场景五力的世界时，美国的政府监视问题成了一个突出的国家问题。随着布拉德利（切尔西）·曼宁、沙尼耶夫兄弟和爱德华·斯诺登等人物出现在消息头条并成为国家意识时，公众开始专注于秘密的海外情报监听法庭的作用，以及国家安全局名为“棱镜计划”的数据挖掘行动对数百万美国人进行电子监视等问题。

我们只是两位科技爱好者，其中的一些国家问题早已超越了我们的权限。我们并不希望这些技术被用于秘密地监视人民。研究数据、社交媒体上的互动，甚至是手机谈话内容都被搜集走，这些早已超乎我们的想象。

我们所采访的多数人和我们一样对此有强烈的感想。但我们对解决方案左右为难。我们想要一个更加安全的国度。我们希望可以自由自在地参加诸如波士顿马拉松这样的大型活动。我们希望在那一小撮阴谋家制造邪恶事件前将他们绳之以法。

为了国家安全，到底应该在多大程度上牺牲公民的隐私权呢？这个问题我们不得而知。我们已经认识到的是安全和隐私权之间的冲突将不会被轻易或很快解决。

然而我们相信，如果政府对它本应服务的人民更加公开透明的话，人民会感到更加舒适。例如，谷歌曾于2013年6月给司法部长埃里克·霍尔德写过一封公开信，要求允许显示谷歌用户文件被海外情报监听法庭所传唤的情况。此后没有任何回复。被揭露的真相使我们意识到越来越多的监视，其结果是信任感与日俱减。

人们不得不想：大数据是在监视我们吗？答案是肯定的。

我们认为，从场景技术所获得的利益值得我们付出一些个人信息。

不是所有人都赞成我们的观点。但这里有一个共同点，公众需要知道哪些信息被搜集走了，我们应该知道这些信息将被用来干什么。

更重要的是，只要发现暴露隐私，代价太高，人们有权决定退出，而且这样做应该没什么难度。

我们相信，商家和政府的透明度越高，越有助于客户和公民参与其中。

真正困扰我们的是那些窃听装置。

沉默权

永远开机这一技术明显带来了很多优势。PCA在你睡觉时发现外面下雪了，便会早一点叫醒你，这样你就不会上班迟到。但作为场景时代生活的组成部分，这些永不疲惫的传感器和数据收集器不应该让人们获得片刻的休息吗？

很多场景产品已经允许你有选择地保留一些个人活动。比如，NextGuide作为一款场景电视节目定位服务商，允许你选择是否分享自己所看的节目。

我们所提到的很多产品都提供类似的控制功能，但那些最先进的产品尚未做到这一点。我们相信谷歌眼镜和Moto X手机会是场景时代的两大旗舰产品，但二者都有我们所担心的产品特点。

谷歌眼镜看你所看。它有一个传感器记录你所看到的一切，看的频率以及看了多久。Moto X手机有一个麦克风，一旦你选择开启便无法关闭，即使手机关机也是这样。这一设置方便你通过谷歌即时进行语音搜索，但它同样意味着手机永远听得见你所说的一切。要想赢得我们的信任，商家就必须提供选择决定退出或保持沉默的功能。

我们称之为“拉斯维加斯模式”。我们愿意对Moto X说：“谷歌即时，在接下来的三个小时内，不要获取我们在做什么的任何数据。”

通俗易懂

为了变得更加健康，上百万人使用Fitbit、耐克运动腕带等设备来监测身体机能的各个方面。

问题是谁将拥有这些或许很敏感的数据？谁有权分享这些数据呢？我们得知有些使用者沉迷于记录所消耗的任何卡路里，他们甚至会在做爱时也戴着该设备。这听起来有些引人发笑。但如果我们开始思考谁将拥有这些数据，以及谁有权来分享它们时，我们便笑不起来了。这些数据能否作为离婚诉讼的证据呢？

存在于可溶解文身的传感器如今被用来治疗瘫痪病人。在不远的未来，这些传感器可能会检测各项身体机能。研究人员正在试验将其作为癌症早期检测器的可行性。把这些数据直接发给我们的医生说得通，但保险公司有权比我们更先看到这些数据吗？还有那些为我们支付大部分保险费的雇主也应该比我们更早看到这些数据吗？这些都应该由谁来决定呢？

从我们的调查来看，个人资料所有权问题本来就不明确，现在变得更加模糊不清了。谢尔·伊斯雷尔患有多年的糖尿病，每天都要在手指上采集血样来测量血糖。每半年他都带着血糖测量仪去找他的内分泌医师来提取和分析数据。

他的药剂师最近告诉他，加州有一条新法律要求他把这些数据共享，不然他的保险责任范围将被下调，每月的费用将从8.25美元飙升至165美元。这条法律背后说明了什么呢？从当地药房收集且被官方审计员所审核的医疗数据会被用来做什么呢？伊斯雷尔有理由确信，没人问询过全国370万名糖尿病患者的想法。

不言而喻，这些数据归我们所有，任何第三方都需要我们的许可才能使用它，而且我们如果拒绝的话，不应该造成任何经济上的惩罚措施。

隐私权的定义并不局限于医疗记录。它应该适用于所有的数据，包括我们的照片、对话以及信用卡余额。但当我们同意那些无聊的使用条款协议时，通常在不知情的情况下，我们授予销售商以权力，可以随意处理我们的私人信息。当你在Instagram发布你庆祝时的照片时，即使选择只与好友分享，Instagram仍声称它有权再次使用这张照片，而且显然它就是这么做的。但在一个自由社会里，不应该先问问用户允许它这样做吗？

我们同样认为应该用通俗易懂的语言来表述用户的权利。

如果让我们自愿提供个人资料，那么应该用简单易懂的语言来描述相关协议。影响应该讲清楚且进行具体解释。

隐私的大量公开或许在所难免，但公司应该对缺乏透明度负责。

推迟这一问题或许可以更快或更简单地获取结果。但随着时间的发展，我们会忠实于那些赢得我们信任的公司。

人为撤销

EasilyDo是我们所欣赏的一款PCA，它设有一个“Do-It”键，允许你在软件助理代表你执行任务前撤销指令。谷歌即时作为最受欢迎的PCA，却没有类似的功能。我们认为在能够把个人信息交付给它之前，谷歌即时需要有这一功能。

在第九章我们讲述了两个最令人不安的关于用户隐私的故事。戴夫·温纳在机场接一位女性朋友时，谷歌即时告诉他她的航班延误了，问题是戴夫并没有告诉谷歌即时他要去机场接机。

史蒂夫·布雷迪遇到了类似的问题，谷歌即时假定他和一位认识的女人在谈情说爱，该移动应用程序便开始分享那位女性的个人数据，就好像他俩是情侣一样。

从长远来看，要使用户信任谷歌即时，PCA泄露秘密资料的可能性一定要远低于人类的可能性。

直到用户模式被建立完善前，所有的PCA都应该被设计为征求许可并不做假设。除非主动取消，主人所特别设定的某些许可将保持有效。此外，应该提供一个方法来改正错误的假设或信息。

没人想要一个会出卖自己的PCA。你不会像对待一个轻率的员工那样炒掉你的PCA，但你可以不再使用它并且不再信任它的生产商。

隐私是主观的

隐私是复杂而又变幻莫测的。隐私的程度是由许多变量所决定的。Facebook曾经允许用户用“一言难尽”来形容感情状态。我们认为这一选项也可用于隐私权。

作为家长，如果提供孩子所在位置和个人资料可以帮助他们减轻糖尿病或哮喘的痛苦，我们很愿意这样做。

然而，我们不希望有安全传感器记录我们在卧室的数据或行动。我们或许不会介意Facebook分享孩子在校音乐会上的可爱照片，但多数人不希望被分享的照片内容则是孩子站在自己家门前，而且家庭地址公开可见。

这样的用户控制功能在技术上并不难实现。只是因为场景技术的发展速度太快，以至于某些保障措施似乎被忽视或被避开了。

例如，如果有个大学生发照片晒他是如何在毕业晚会上狂欢时，在线服务会弹出一个对话框问：“你确定要这样做吗？这张照片或许不利于你找工作或要求父母给你提供暑假生活费……”

即使我们面对的危险越来越多，但近来警告似乎被屏蔽了。在场景时代，我们似乎在没有安全措施的情况下执行危险且不必要的任务。

信任是新型货币

我们认为最值得信赖的公司会在场景时代茁壮成长，而那些不够坦诚的公司会以缺乏用户而告终。透明度和诚信将会越来越多地左右客户的选择。

本书中所涉及的多数产品已经有了一个或多个竞争对手，剩下的很快也会加入竞争的行列。竞争者将竞相超越彼此的能力，只要一款产品提供一个令人满意的新功能，另一款产品很快会推出一个类似或者稍好的功能。

在手机领域，iPhone曾经长时间独占鳌头。但就在我们创作本书的同时，安卓手机在功能方面已经与iPhone平起平坐甚至超过了它。现在出现的Moto X手机可能会设立一个全新的标杆，因为它已经在操作系统中集成了场景功能。

关键在于，尽管市场的本质很不稳定，但相比此前的技术，很多现在的技术产品在开发周期的早期就已成为商品。比如，我们见识了大约十款PCA，每款至少拥有一个独到之处，但看起来竞争对手可以很轻松地进行改进。即使某一功能落后于其他产品，人们也可能只会选择一款PCA并长期使用。这种对产品自始至终的选择方式同样适用于穿戴设备和家庭管理系统。

如果特色功能不是决定因素，那么我们该怎样选择呢？我们认为多数人会选择他们最信任公司所生产的产品。透明度最高的公司将被认为是最值得信赖的公司，这些公司所设定的用户隐私选项将通俗易懂，而且允许用户来决定开关应用程序和设备。同样，如果公司的产品会警告用户某些操作可能造成尴尬后果的话，这些公司会得到人们的尊重和信任，并获得用户的忠诚度。

如今，谷歌似乎在这一领域已经占据了领导地位。谷歌有一个专门的网页显示公司的隐私权政策以及从用户那里收集的各种数据。如果你浏览该网页，你或许会惊讶于谷歌到底有多了解你。让你想知道那些没有发布类似网页的公司都对你有多少了解。

尽管谷歌如今在此方面处于领先地位，但之前谈到的谷歌眼镜和Moto X手机关于隐私权的严重且未解决的问题都证明，每家公司在隐私权方面至少有一个致命弱点。

如果让我们规划一家适应场景时代的公司的长期策略，我们将首先做到谷歌在透明度方面所做的一切，然后再尝试超越它。用户肯定会接受这样的竞争。

我们认为短期来看企业领导需要理解的是，在一些阴暗的地方洒下些许阳光是件利大于弊的事情。一些机构的决策者已经逐渐适应阴暗的地方并茁壮成长。有些则选择潜伏在那里。但他们的客户并不觉得那里舒适。最终，利润会流向客户觉得舒适的地方。

在我们看来，那些潜伏者可以获取一些短期利益，但从长远来看他们会败给那些包括谷歌在内的透明度高的公司。开放透明将为每家新创公司创造巨大的机会，这些公司在骨子里就具备四两拨千斤的实力。如果我们没看错的话，场景时代将开启一个全新的开放世界。

重聚2038

我从不去想未来，因为它来得已经够快的了。

——阿尔伯特·爱因斯坦

2038年9月16日早7点30分，一段柔和的声音传入罗伯特·斯考伯的脑海。他正幸福地睡在位于纳帕郡葡萄园附近的家中。这个舒适的二层小楼是他出版《场景时代》后25年内的唯一重大改变，该书轻而易举地成了畅销书，位居多个排行榜的榜首，有来自50多个国家的超过200万人阅读了此书。

如此大的销量使斯考伯和谢尔·伊斯雷尔拥有了未曾想象过的财富。但两人并没有什么太大改变，斯考伯继续环游世界采访挑战极限的技术人员，伊斯雷尔则继续写作和咨询工作。

他俩都拥有此前买不起的高性能清洁能源汽车。伊斯雷尔和他结婚41年的妻子保拉经常旅游，而斯考伯用写书所赚的大笔财富购买各种能够吸引他想象力的高科技产品。他俩都定期向有价值的事业捐款，他们最欣赏的非营利组织是Charity: water。

以斯考伯名字命名的酿酒厂每年只生产几百瓶红酒，用来作为假日礼物以及在晚餐上和朋友共饮。物美价廉的传感器和机器人使得照料葡萄变得轻而易举，每年10月斯考伯都会举行“庆丰收顿足爵士舞”大型派对。出席者大多都是年轻的专注于改变世界的创业者。

这天早上斯考伯梦回2013年，此书的问世使得人们和商家认识了场景新时代的前途，此书引发了一场关于隐私权和数据所有权的长达25年的论战。这个梦非常应景，因为今天是《场景时代》一书出版25周年纪念日。

“早安，罗伯特，”声音回响在他的脑海里，“今天是9月16日。后院的温度是71华氏度，预计下午3点时气温会升高至83华氏度。你今天有两个约会——中午给谢尔·伊斯雷尔打电话以及在半月湾的丽嘉酒店和马克·贝尼奥夫在下午会面并共进晚餐。去往酒店的道路交通顺畅，除了经常会堵车的金门大桥。”

这声音就来自斯考伯的大脑。几周前他成了第一批测试谷歌 Everywhere 视觉电脑的使用者之一。这一微小的设备直接与他的视神经相连，使他通过脑电波而不是过时的手势或语音命令来进行交流。

回到2013年，salesforce.com的创始人兼首席执行官马克·贝尼奥夫在本书的前言部分谈到了脑电波技术。当年使用脑电波来控制机器尚处于试验阶段。麻省理工学院的实验人员让机器人去取一杯咖啡；几位具有开拓精神的志愿者刚开始用与大脑互动的假肢进行有效的操作。几年后，技术人员意识到脑电波是与机器产生互动的最快方式，但最大的问题在于如何使人集中精力来发送精神指令。机器学习依旧在听从人类方面存在问题，注意力容易被手头的东西所分散。

谷歌Everywhere是谷歌眼镜经过25年演变的尖端产物，谷歌眼镜现在已经是博物馆的展品了，当孩子们看到这个设计笨拙且功能过于简单的设备时都会感到好笑。

多年来，数字眼镜已经和普通眼镜融为一体，传感器也嵌于镜片之中。几年后，该设备成了一副隐形眼镜。很多不需要视觉矫正镜片的人也在使用该设备。现在，数字眼镜要比过去的智能手机流行得多，而且还便宜得多。世界上多数人都有某种类型的数字眼镜，老款的产品可以在亚马逊或易趣网站上以很便宜的价格买到。

即使到了2038年，多数人依旧反感把微型设备植入体内。伊斯雷尔也表示过，植入体内的视觉设备确实使他感到有些怪异。一些人还是有些守旧。伊斯雷尔目前在创作他的第11本书，他依旧使用老式的小型键盘通过Wi-Fi与外设眼镜相连。

几家大型公司所提供的数字眼镜不仅样式多样且价格细化，数字眼镜已发展成为多数人生活中的中央个人场景助理。它们与其他穿戴设备相连，通过衣物中的电池供电，也可以通过Wi-Fi自动充电。它们同样与腕带相连来检测所有的身体机能。

PCA还与家中的传感器保持密切联系来检测任何可能的环境因素——从露台上招人厌烦的昆虫到过量的臭氧辐射。由于斯考伯的PCA直接与大脑相连，他可以随时监控所有可能的数据并在不需要的时候将其过滤。

但这里有个折中之处：此前的谷歌眼镜由于可以监控人们所看到的东西，因此成了隐私权问题的导火索。如今的谷歌 Everywhere所能监控的则是人们的想法。谷歌眼镜可以比斯考伯的妻子还要了解他，但谷歌Everywhere比斯考伯自己还要了解他。

就在斯考伯起床前，他的视觉PCA开始在他的家中执行一系列指令；露天窗户已经开启让温暖的阳光照进房间同时过滤掉有害射线；洗澡水在他进入浴室前的四分钟开始加热；咖啡机所制作的咖啡正合他的口味……

当斯考伯走进浴室时，洗澡水自动开启，温度和水压都是他所习惯的。如果是妻子玛利亚姆来洗澡，那水温会升高三华氏度。如果斯考伯觉得水温过高，谷歌 Everywhere会读懂他的想法并命令场景淋浴降低温度。

当他刷牙时，谷歌 Everywhere会收到来自牙刷的提醒：是时候去洗牙了。在获得允许后，他的视觉设备会联系他的牙医办公室并比对时间表。在没有任何人工参与的情况下，便预约了一个合适的时间。

他的视觉PCA已经把他当天的日程和天气信息共享给智能壁橱门镜，为他的着装提供几个选择。他选择了一件常穿的蓝色衬衫。

衣服的款式看上去和25年前没什么区别，但实际上却大不相同。首先，它们使用纳米技术来进行自我清洁。织物的纹理会根据天气和斯考伯的体温而开合或关闭。

斯考伯今年74岁了，而伊斯雷尔刚刚度过了94岁的生日。和同龄人一样，两人的身体都很健康。医生预测多数人的寿命会达到120岁，但很少有人能活那么大岁数。很多人计划直到100岁才退休，其中包括斯考伯和伊斯雷尔。场景医学是从一个由科学家、技术人员、患者和医生所支持的草根运动发展而来，场景医学正设法根除在2013年流行的大量疾病和环境公害。

多亏有了场景技术，越来越多的人能够比以前更加健康。佩戴假肢的人看起来和常人没什么区别。下身麻痹患者曾经使用过的笨拙的外骨骼已经被大大改善，现在已经和专门的衣服融为一体。

前往丽嘉酒店

贝尼奥夫在前言中抱怨如果酒店能采取场景技术的话就能够更好地为客人服务。碰巧的是，他和斯考伯在本书部分章节中所说的都一样，他表示位于半月湾附近的丽嘉酒店就是一个在追加销售方面错失商业机会的案例。

在本书出版后，三人成了朋友。当2014年伊斯雷尔和斯考伯决定庆祝本书出版一周年时，他俩邀请了贝尼奥夫。斯考伯马上提议地点设在半月湾的丽嘉酒店。从此他们每年都会到该酒店举行周年日纪念活动。

2038年的重聚是第一次有人缺席的聚会。伊斯雷尔正在访问第一个火星殖民地Armstrongville，这是由第一个登上火星的地球人的名字所命名的。之所以殖民火星成为可能，是因为NASA火星车“好奇者二号”的传感器发现了这个红色星球上的蒸汽裂口，其中存在着大量足以维持生命的地下淡水水源。当2025年智能城市被建立起来时，这个半球状的基地居住着很多科学家和工程师，NASA选派了3000名志愿者移居火星。有超过10万人报名。每月的商业航班在斯考伯出发前半年才刚刚开通。长达5天的航班不仅价格昂贵而且使人精疲力竭。

富有冒险精神的旅客需要提前一年报名，然后被指派出发的时间段。伊斯雷尔被迫错过了这次重聚，作为一名记者他不得不接受所指定的航班，要不然他就要等很久才能得到下一个机会。这一旅行满足了他的人生梦想。他对科学技术的热爱起源于上学时读过的一本书——《火星纪事》。

斯考伯喝完咖啡，通过思想信号命令他的机器人女佣来清洗餐具。他满意地看了一眼成熟的葡萄并想："特斯拉，来接我吧。"

75英尺外，车库的门自动卷起，一辆银色的特斯拉Model X Gen 17出现在他的前门。车子认出了主人后自动解锁车门并调整座椅。

他坐上座椅。"特斯拉，带我去丽嘉酒店。"他想到。引擎发出轰鸣声，汽车在乡村小路行驶了几英里后向南行驶上了29号高速公路。当到达37号高速公路时，特斯拉向西行驶。

车辆以准确的最高限速行驶，斯考伯有时间来进行思考。最近，他不再像年轻时那样频繁地登录社交网站，尽管依旧有数十亿的年轻人经常这样做。他告诉Everywhere他想听点轻爵士乐，特斯拉便用它的16声道环绕立体声音响播放音乐。多年来，斯考伯逐渐认同了伊斯雷尔时常重复的观点："有时，一直在线有些过。"

几英里外的贝尼奥夫也享受着美好的上午。他同样坐着一辆自动驾驶汽车前往半月湾。

按照约定时间，三人进行了全息电话会议。每个人都看到另外两人的图像展现在眼前。他们叙了叙旧又聊了聊太空，接着又谈到了子孙后代和宠物。考虑到他们之间有3500万英里的空间距离，通信信号还算不错。

没多久，两辆车几乎同时抵达了酒店，车辆把乘客送到了酒店门口，然后自动停在了停车场。当两个朋友进入酒店大堂，他们互相问候并衷心地祝贺了本书出版的周年纪念。

他俩走入了Navio餐厅，坐在了老位子上，桌上放着两杯25年的Oban威士忌。

他们为本书干杯，他们为彼此干杯，他们为伊斯雷尔干杯，他们也为丽嘉酒店最终采纳了场景技术干杯。

离别赠言

本章的描述多少有些异想天开。很多预测可能并不会发生，但有很多也会实现。我们只是不知道哪些会真正实现。

在创作《场景时代》一书时我们喜忧参半。高兴的是场景技术可以解决很多全球问题。担心的是技术滥用所造成的破坏。

总而言之，技术从来并永远都是一种工具，无论是加以利用还是滥用都是由使用者所决定的。我们可以滔滔不绝地赞美它，也可以对其带来的危害感到极度痛苦。

总之，场景时代在未来25年的发展完全掌握在我们手中。